Projeto
LUMIRÁ
HISTÓRIA

2

Material de apoio deste volume:
- Cartonados e adesivos

Organizadora: Editora Ática S.A.
Obra coletiva concebida pela Editora Ática S.A.
Editora responsável: Heloisa Pimentel

editora ática

Diretoria editorial e de conteúdo: Angélica Pizzutto Pozzani
Gerência de produção editorial: Hélia de Jesus Gonsaga
Editora responsável: Heloisa Pimentel
Edição: Tathiane Gerbovic e Leandro dos Reis Silva
Supervisão de arte e produção: Ana Maria Onofri
Edição de arte: Juliana Freitas; Daniela Fogaça Salvador (ilustr.); Christine Getschko (ilustr.) e Otávio dos Santos (abert.)
Diagramação: Bertolucci Estúdio Gráfico
Projeto gráfico: Tyago Bonifácio da Silva
Capa: Ulhôa Cintra Comunicação Visual e Arquitetura
Ilustração de capa: Walter Vasconcelos
Revisão: Rosângela Muricy (coord.), Ana Carolina Nitto (prep.), Ana Curci, Gloria Cunha e Gabriela Macedo de Andrade (estag.)
Supervisão de iconografia: Sílvio Kligin
Pesquisadora iconográfica: Denise Durand Kremer
Tratamento de imagem: Cesar Wolf e Fernanda Crevin
Ilustrações: Angelo Abu, Fabiana Salomão, Priscila de Paula, Rubem Filho, Simone Ziasch, Vicente Mendonça, Weberson Santiago

---

Direitos desta edição cedidos à Editora Ática S.A.
Av. Otaviano Alves de Lima, 4400
6º andar e andar intermediário ala A
Freguesia do Ó – CEP 02909-900 – São Paulo – SP
Tel.: 4003-3061
www.atica.com.br/editora@atica.com.br

Dados Internacionais de Catalogação na Publicação (CIP)
(Câmara Brasileira do Livro, SP, Brasil)

> Projeto Lumirá : história : 2º ao 5º ano / obra coletiva da Editora Ática ; editor responsável: Heloisa Pimentel . — 1. ed. — São Paulo : Ática, 2013. — (Projeto Lumirá : história)
>
> 1. História (Ensino fundamental) I. Pimentel, Heloisa. II. Série.
>
> 13-04828   CDD-372.89

Índice para catálogo sistemático:
1. História : Ensino fundamental   372.89

2013
ISBN 978 85 08 15848-5 (AL)
ISBN 978 85 08 15849-2 (PR)
Código da obra CL 737365
1ª edição
1ª impressão

Impressão e acabamento: Impresso na China

Uma publicação

Elaboração dos originais

Elaine Ricci Pedroso Araujo
Licenciada em Pedagogia pela Universidade São Judas Tadeu (USJT-SP)
Professora do Ensino Fundamental do Colégio Visconde de Porto Seguro (SP)

Tathiane Gerbovic
Licenciada em História pela Faculdade de Educação da Universidade de São Paulo
Mestre em História Econômica pela Faculdade de Filosofia, Letras e Ciências Humanas da Universidade de São Paulo
Doutoranda em História Econômica pela Faculdade de Filosofia, Letras e Ciências Humanas da Universidade de São Paulo
Editora e elaboradora de livros didáticos

Marianka Gonçalves Santa Bárbara
Mestre em Linguística Aplicada pela Pontifícia Universidade Católica de São Paulo (PUC-SP)
Professora da COGEAE-PUC-SP
Licenciada em Letras pela Universidade Federal de Campina Grande (UFCG-PB)

PROJETO LUMIRÁ

ESTE É O SEU LIVRO DE **HISTÓRIA DO 2º ANO**. ESCREVA AQUI O SEU NOME:

_____

ESTE LIVRO VAI AJUDAR VOCÊ A PENSAR SOBRE TUDO O QUE VOCÊ JÁ SABE, A INVESTIGAR O MUNDO, A QUESTIONAR O QUE VAI APRENDER E A DESCOBRIR MAIS SOBRE VOCÊ E SUA HISTÓRIA, SUA FAMÍLIA, SUA ESCOLA, SUA RUA E MUITOS ACONTECIMENTOS DO PASSADO.

BOM ESTUDO!

Caro Aluno

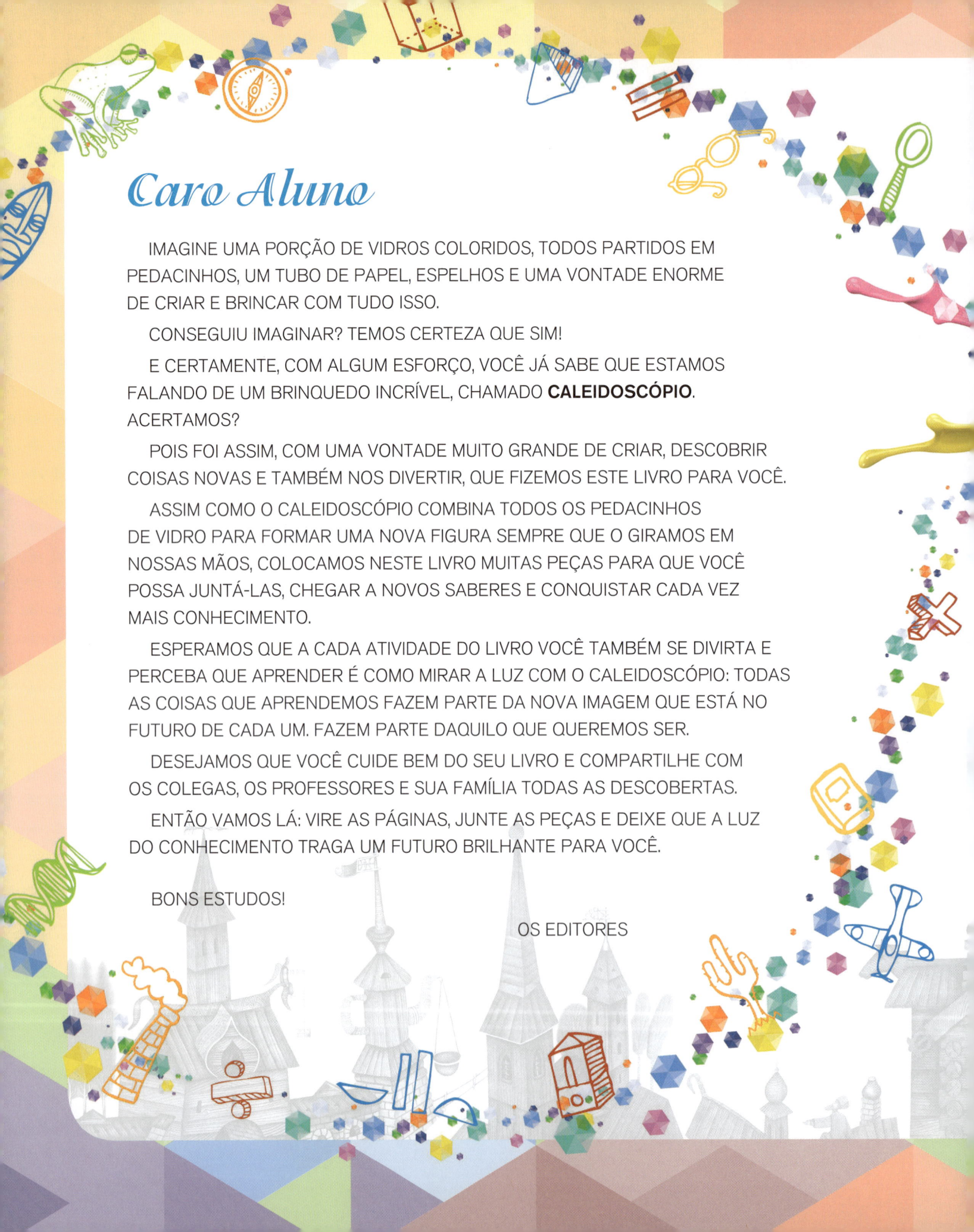

IMAGINE UMA PORÇÃO DE VIDROS COLORIDOS, TODOS PARTIDOS EM PEDACINHOS, UM TUBO DE PAPEL, ESPELHOS E UMA VONTADE ENORME DE CRIAR E BRINCAR COM TUDO ISSO.

CONSEGUIU IMAGINAR? TEMOS CERTEZA QUE SIM!

E CERTAMENTE, COM ALGUM ESFORÇO, VOCÊ JÁ SABE QUE ESTAMOS FALANDO DE UM BRINQUEDO INCRÍVEL, CHAMADO **CALEIDOSCÓPIO**. ACERTAMOS?

POIS FOI ASSIM, COM UMA VONTADE MUITO GRANDE DE CRIAR, DESCOBRIR COISAS NOVAS E TAMBÉM NOS DIVERTIR, QUE FIZEMOS ESTE LIVRO PARA VOCÊ.

ASSIM COMO O CALEIDOSCÓPIO COMBINA TODOS OS PEDACINHOS DE VIDRO PARA FORMAR UMA NOVA FIGURA SEMPRE QUE O GIRAMOS EM NOSSAS MÃOS, COLOCAMOS NESTE LIVRO MUITAS PEÇAS PARA QUE VOCÊ POSSA JUNTÁ-LAS, CHEGAR A NOVOS SABERES E CONQUISTAR CADA VEZ MAIS CONHECIMENTO.

ESPERAMOS QUE A CADA ATIVIDADE DO LIVRO VOCÊ TAMBÉM SE DIVIRTA E PERCEBA QUE APRENDER É COMO MIRAR A LUZ COM O CALEIDOSCÓPIO: TODAS AS COISAS QUE APRENDEMOS FAZEM PARTE DA NOVA IMAGEM QUE ESTÁ NO FUTURO DE CADA UM. FAZEM PARTE DAQUILO QUE QUEREMOS SER.

DESEJAMOS QUE VOCÊ CUIDE BEM DO SEU LIVRO E COMPARTILHE COM OS COLEGAS, OS PROFESSORES E SUA FAMÍLIA TODAS AS DESCOBERTAS.

ENTÃO VAMOS LÁ: VIRE AS PÁGINAS, JUNTE AS PEÇAS E DEIXE QUE A LUZ DO CONHECIMENTO TRAGA UM FUTURO BRILHANTE PARA VOCÊ.

BONS ESTUDOS!

OS EDITORES

COMO É O MEU LIVRO?

ABERTURA

VOCÊ OBSERVA A IMAGEM, PENSA EM TUDO O QUE JÁ CONHECE E TROCA IDEIAS COM OS COLEGAS.

TEMAS E ATIVIDADES

TEXTOS, FOTOGRAFIAS, ILUSTRAÇÕES E ATIVIDADES SÃO AS PEÇAS QUE VOCÊ VAI JUNTAR PARA CHEGAR A NOVAS DESCOBERTAS.

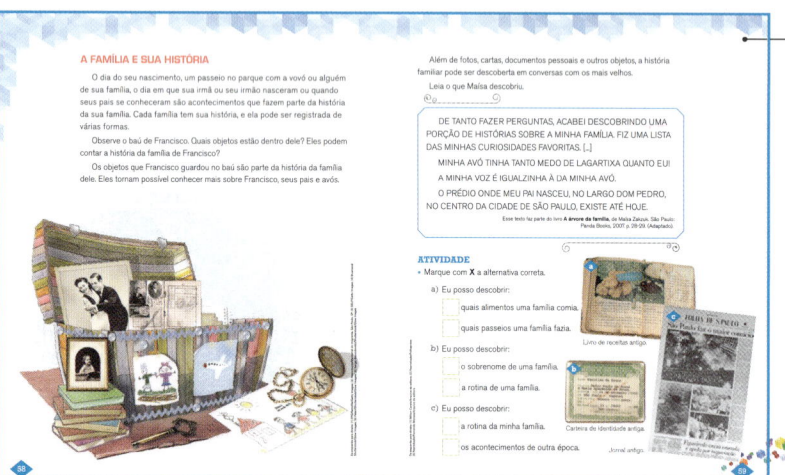

ENTENDER O TEMPO HISTÓRICO

ESTE É O MOMENTO DE DESCOBRIR O QUE ACONTECEU NO PASSADO POR MEIO DO ESTUDO DE IMAGENS E TEXTOS.

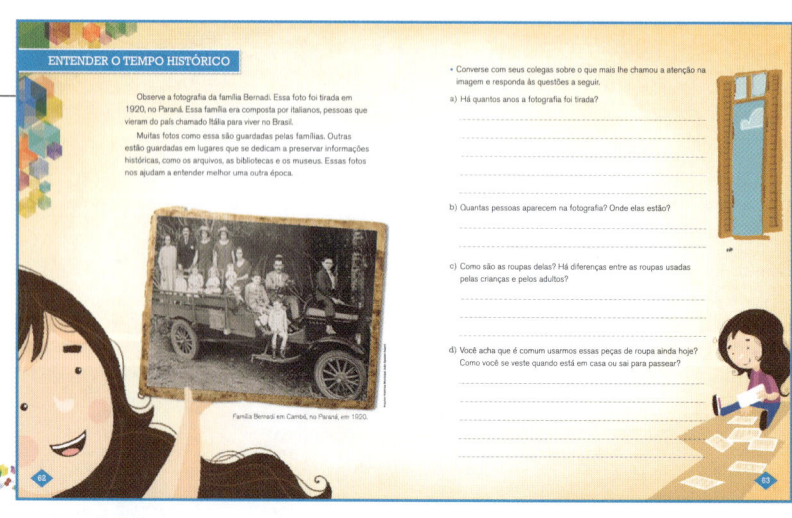

LER E ENTENDER

VOCÊ VIU NESSA UNIDADE QUE TODOS TEMOS NOMES, ASSIM COMO TUDO O QUE ESTÁ AO NOSSO REDOR. É O NOSSO NOME QUE NOS IDENTIFICA.

CONHEÇA ASTERIX E OBELIX, PERSONAGENS DE UMA HISTÓRIA EM QUADRINHOS QUE SE PASSA NA REGIÃO DA GÁLIA (ATUAL FRANÇA). ASTERIX E OBELIX SÃO AMIGOS. COMO VOCÊ IMAGINA QUE ELES SEJAM? VOCÊ ACHA QUE ELES TÊM SEMELHANÇAS?

ACOMPANHE A LEITURA DO SEU PROFESSOR, OBSERVE AS IMAGENS E CONFIRA!

ASTERIX E A GRANDE TRAVESSIA. DE RENÉ GOSCINNY E ALBERT UDERZO. RIO DE JANEIRO: RECORD, 1975. P. 26.

ANALISE

1. ONDE, NORMALMENTE, SÃO PUBLICADAS HISTÓRIAS EM QUADRINHOS COMO ESSA?
2. QUEM LÊ HISTÓRIAS EM QUADRINHOS TEM A INTENÇÃO DE:
   - SE INFORMAR.
   - SE DIVERTIR.
3. DE QUE ASTERIX E OBELIX GOSTAM?

RELACIONE

4. OS TRÊS PERSONAGENS SÃO SEMELHANTES OU DIFERENTES? EXPLIQUE SUA RESPOSTA.
5. COMO OBELIX E ASTERIX SE APRESENTAM AO INDÍGENA QUE NÃO ENTENDE A LÍNGUA DELES?
   - FALANDO E GESTICULANDO
   - MOSTRANDO UM DOCUMENTO PESSOAL
6. VOCÊ ACHA QUE O INDÍGENA ENTENDEU? COMO VOCÊ SE APRESENTARIA SE ESTIVESSE NO LUGAR DE ASTERIX E OBELIX?
7. O QUE VOCÊ ACHOU DIVERTIDO NESSA HISTÓRIA?

38 39

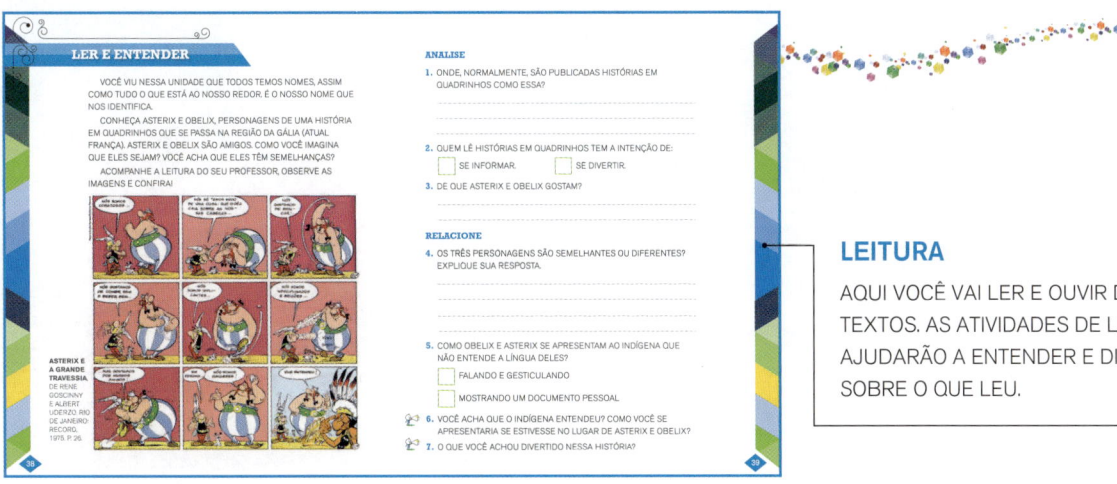

LEITURA

AQUI VOCÊ VAI LER E OUVIR DIFERENTES TEXTOS. AS ATIVIDADES DE LEITURA O AJUDARÃO A ENTENDER E DISCUTIR SOBRE O QUE LEU.

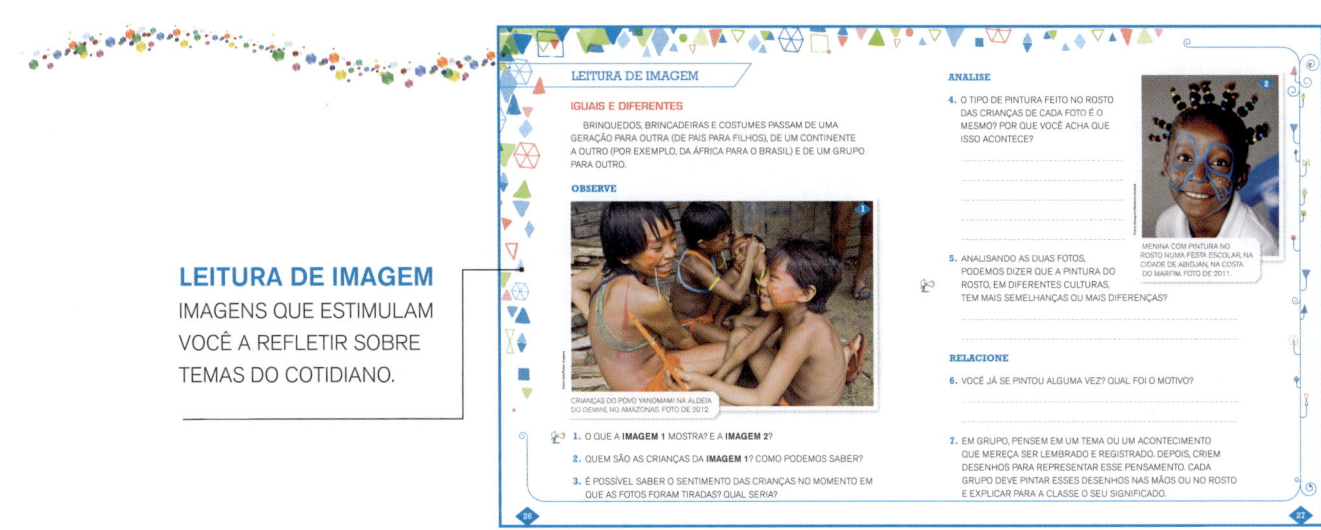

LEITURA DE IMAGEM

IMAGENS QUE ESTIMULAM VOCÊ A REFLETIR SOBRE TEMAS DO COTIDIANO.

LEITURA DE IMAGEM

IGUAIS E DIFERENTES

BRINQUEDOS, BRINCADEIRAS E COSTUMES PASSAM DE UMA GERAÇÃO PARA OUTRA (DE PAIS PARA FILHOS), DE UM CONTINENTE A OUTRO (POR EXEMPLO, DA ÁFRICA PARA O BRASIL) E DE UM GRUPO PARA OUTRO.

OBSERVE

CRIANÇAS DO POVO YANOMAMI NA ALDEIA DO DEMINI, NO AMAZONAS. FOTO DE 2012.

MENINA COM PINTURA NO ROSTO NUMA FESTA ESCOLAR, NA CIDADE DE ABIDJAN, NA COSTA DO MARFIM. FOTO DE 2011.

1. O QUE A **IMAGEM 1** MOSTRA? E A **IMAGEM 2**?
2. QUEM SÃO AS CRIANÇAS DA **IMAGEM 1**? COMO PODEMOS SABER?
3. É POSSÍVEL SABER O SENTIMENTO DAS CRIANÇAS NO MOMENTO EM QUE AS FOTOS FORAM TIRADAS? QUAL SERIA?

ANALISE

4. O TIPO DE PINTURA FEITO NO ROSTO DAS CRIANÇAS DE CADA FOTO É O MESMO? POR QUE VOCÊ ACHA QUE ISSO ACONTECE?
5. ANALISANDO AS DUAS FOTOS, PODEMOS DIZER QUE A PINTURA DO ROSTO, EM DIFERENTES CULTURAS, TEM MAIS SEMELHANÇAS OU MAIS DIFERENÇAS?

RELACIONE

6. VOCÊ JÁ SE PINTOU ALGUMA VEZ? QUAL FOI O MOTIVO?
7. EM GRUPO, PENSEM EM UM TEMA OU UM ACONTECIMENTO QUE MEREÇA SER LEMBRADO E REGISTRADO. DEPOIS, CRIEM DESENHOS PARA REPRESENTAR ESSE PENSAMENTO. CADA GRUPO DEVE PINTAR ESSES DESENHOS NAS MÃOS OU NO ROSTO E EXPLICAR PARA A CLASSE O SEU SIGNIFICADO.

26 27

O QUE APRENDI?

Agora é hora de retomar todas as discussões realizadas e organizar o que foi possível aprender com a discussão sobre o que significa viver em família.

1. Retome as questões que foram apresentadas na abertura desta unidade. Discuta com os colegas e o professor como você as responderia agora.
2. No capítulo 2, pudemos conhecer as diferentes famílias que vivem ao redor do mundo. Agora pense e registre: o local onde cada família vive faz diferença na rotina delas? Por exemplo: faz diferença para as pessoas viver em um lugar muito quente ou em um lugar muito frio?
3. Veja esta lista de objetos antigos que ilustraram o capítulo 3:

Livro de receitas	Carteira de Identidade	Jornal	Fotografia

Agora escolha um deles e escreva um pouco sobre de que forma esse objeto pode nos ajudar a conhecer mais a vida em outras épocas.

Chegou o momento de pensar em tudo o que você aprendeu nesta unidade. Você vai avaliar o que acha que aprendeu bem, o que ainda tem dúvidas e o que precisa rever. Assinale os quadrinhos abaixo de acordo com o que você pensa. Depois, discuta com seus colegas e seu professor suas respostas, para que vocês possam entender o que cada um precisa melhorar.

Capítulo 1 – As características da minha família e nossa rotina
- Compreendi bem
- Tenho dúvidas
- Preciso retomar

Capítulo 2 – As diferentes formas de organizar as famílias
- Compreendi bem
- Tenho dúvidas
- Preciso retomar

Capítulo 3 – Os documentos e materiais que me ajudam a conhecer outras épocas
- Compreendi bem
- Tenho dúvidas
- Preciso retomar

66 67

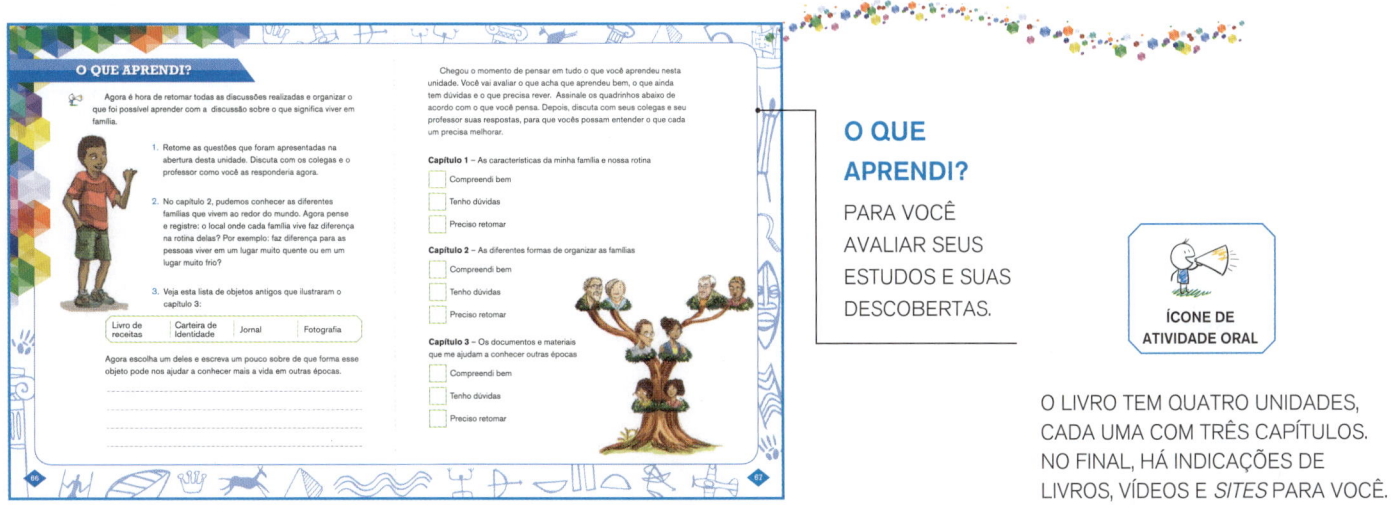

O QUE APRENDI?

PARA VOCÊ AVALIAR SEUS ESTUDOS E SUAS DESCOBERTAS.

ÍCONE DE ATIVIDADE ORAL

O LIVRO TEM QUATRO UNIDADES, CADA UMA COM TRÊS CAPÍTULOS. NO FINAL, HÁ INDICAÇÕES DE LIVROS, VÍDEOS E *SITES* PARA VOCÊ.

Sumário

UNIDADE 1

SER CRIANÇA 10

CAPÍTULO 1: Quem sou eu? 12
    Meu nome, minha história 12
    Sou igual e sou diferente 16
    Atividades do capítulo 18

CAPÍTULO 2: Eu gosto de brincar 20
    Brincar faz parte da história 20
    Um divertimento para sempre 22
    Atividades do capítulo 24

 **Leitura de imagem:**
    Iguais e diferentes 26

CAPÍTULO 3: Meu dia a dia 28
    A história de todo dia 28
    A rotina das crianças no passado 32
    Atividades do capítulo 34

 **Entender o tempo histórico** 36

◆ **Ler e entender** 38

O QUE APRENDI? 40

UNIDADE 2

VIVER EM FAMÍLIA 42

CAPÍTULO 1: Em casa é assim 44
    Minha família 44
    Representando as famílias 46
    Atividades do capítulo 48

CAPÍTULO 2: Famílias diferentes 50
    As pessoas e suas famílias 50
    Famílias ao redor do mundo 52
    Atividades do capítulo 54

CAPÍTULO 3: Famílias ao longo do tempo .. 56
    Famílias do passado 56
    A família e sua história 58
    Atividades do capítulo 60

◆ **Entender o tempo histórico** 62

◆ **Ler e entender** 64

O QUE APRENDI? 66

UNIDADE 3

IR PARA A ESCOLA 68

CAPÍTULO 1: Conhecendo a escola 70
   Sua escola.................................. 70
   Estar na escola............................. 72
   Atividades do capítulo 74

CAPÍTULO 2: A escola de cada um 76
   A minha escola............................. 76
   O que aprendemos na escola 78
   Atividades do capítulo 80

◆ **Leitura de imagem:**
   Saúde também se aprende na escola.......... 82

CAPÍTULO 3: Estudar no passado 84
   Escolas de antigamente 84
   Materiais escolares........................ 86
   Atividades do capítulo 88

◆ **Entender o tempo histórico** 90

◆ **Ler e entender**................................ 92

O QUE APRENDI?........................... 94

UNIDADE 4

MORAR EM UM BAIRRO................ 96

CAPÍTULO 1: O lugar onde moramos........ 98
   Minha casa 98
   Diferentes tipos de casa 100
   Atividades do capítulo 102

CAPÍTULO 2: As ruas e os bairros 104
   O que há nas ruas?........................ 104
   Os bairros.................................. 106
   Atividades do capítulo 108

CAPÍTULO 3: Casas e bairros do passado .. 112
   As casas de antigamente 112
   Os bairros mudam......................... 114
   Atividades do capítulo 116

◆ **Leitura de imagem:**
   Viver e conviver na cidade.................. 118

◆ **Entender o tempo histórico** 120

◆ **Ler e entender**................................ 122

O QUE APRENDI?........................... 124

Para saber mais........................ 126
Bibliografia 128

- O QUE AS CRIANÇAS ESTÃO FAZENDO? VOCÊ JÁ FEZ ALGO PARECIDO? O QUÊ?
- SERÁ QUE ESTAS CRIANÇAS VIVEM NA MESMA ÉPOCA QUE VOCÊ? COMO PODEMOS TER CERTEZA DISSO?

CAPÍTULO 1

QUEM SOU EU?

MEU NOME, MINHA HISTÓRIA

VOCÊ SABE POR QUE TEM UM NOME?

OLHE AO SEU REDOR. OS OBJETOS, AS PESSOAS, OS ANIMAIS E OS LUGARES TÊM UM NOME.

O NOME NOS IDENTIFICA E É POR ELE QUE SOMOS CONHECIDOS AO LONGO DA NOSSA VIDA.

QUANDO NASCEMOS, RECEBEMOS UM NOME. ELE PODE SER DADO PELOS NOSSOS PAIS, AVÓS, TIOS, IRMÃOS OU OUTRAS PESSOAS RESPONSÁVEIS POR NÓS.

ALÉM DO NOME, RECEBEMOS TAMBÉM UM SOBRENOME. ELE PODE SER O MESMO SOBRENOME DA MÃE, DO PAI OU DOS DOIS.

UTILIZE O **MATERIAL COMPLEMENTAR** PARA MONTAR UMA PLACA COM O SEU NOME. SEUS COLEGAS FARÃO O MESMO QUE VOCÊ.

POR QUE PRECISAMOS DE UM NOME E DE UM SOBRENOME? ANTIGAMENTE SÓ EXISTIA O NOME. MAS O NÚMERO DE PESSOAS AUMENTOU E FICOU DIFÍCIL IDENTIFICAR CADA UMA.

SURGIRAM ENTÃO OS SOBRENOMES. ELES ERAM USADOS PARA IDENTIFICAR AS PESSOAS DE ACORDO COM O LUGAR ONDE MORAVAM, SUAS CARACTERÍSTICAS FÍSICAS OU SUAS PROFISSÕES.

MUITOS SOBRENOMES QUE CONHECEMOS VÊM DO PASSADO.

ATIVIDADES

1. ESCREVA NO ESPAÇO ABAIXO O SEU NOME E O SEU SOBRENOME.

_____

2. PERGUNTE A UM ADULTO NA SUA CASA SE ELE SABE O QUE SIGNIFICA SEU SOBRENOME. ESCREVA AQUI O QUE DESCOBRIU.

_____

_____

VOCÊ CONHECE ALGUÉM COM UM NOME MUITO COMPRIDO? VEJA COMO ERA O NOME DO IMPERADOR DOM PEDRO I: **PEDRO DE ALCÂNTARA FRANCISCO ANTÔNIO JOÃO CARLOS XAVIER DE PAULA MIGUEL RAFAEL JOAQUIM JOSÉ GONZAGA PASCOAL CIPRIANO SERAFIM DE BRAGANÇA E BOURBON.** UFA! NA VERDADE ELE TINHA MUITOS NOMES E APENAS DOIS SOBRENOMES: BRAGANÇA E BOURBON. TODOS ESSES NOMES FAZIAM PARTE DA HISTÓRIA DE SUA FAMÍLIA.

ESSE TEXTO FOI RETIRADO DO LIVRO **A ÁRVORE DA FAMÍLIA**, DE MAÍSA ZAKZUK. SÃO PAULO: PANDABOOKS, 2007. P. 17. (ADAPTADO)

> PODE ME CHAMAR SÓ DE PEDRO.

NOS DIAS ATUAIS, MUITOS NOMES SÃO MAIS CURTOS. MAS ELES CONTINUAM A FAZER PARTE DA HISTÓRIA, COMO O SEU. POR ISSO ELE ESTÁ ESCRITO NOS SEUS DOCUMENTOS PESSOAIS. VAMOS CONHECER ALGUNS?

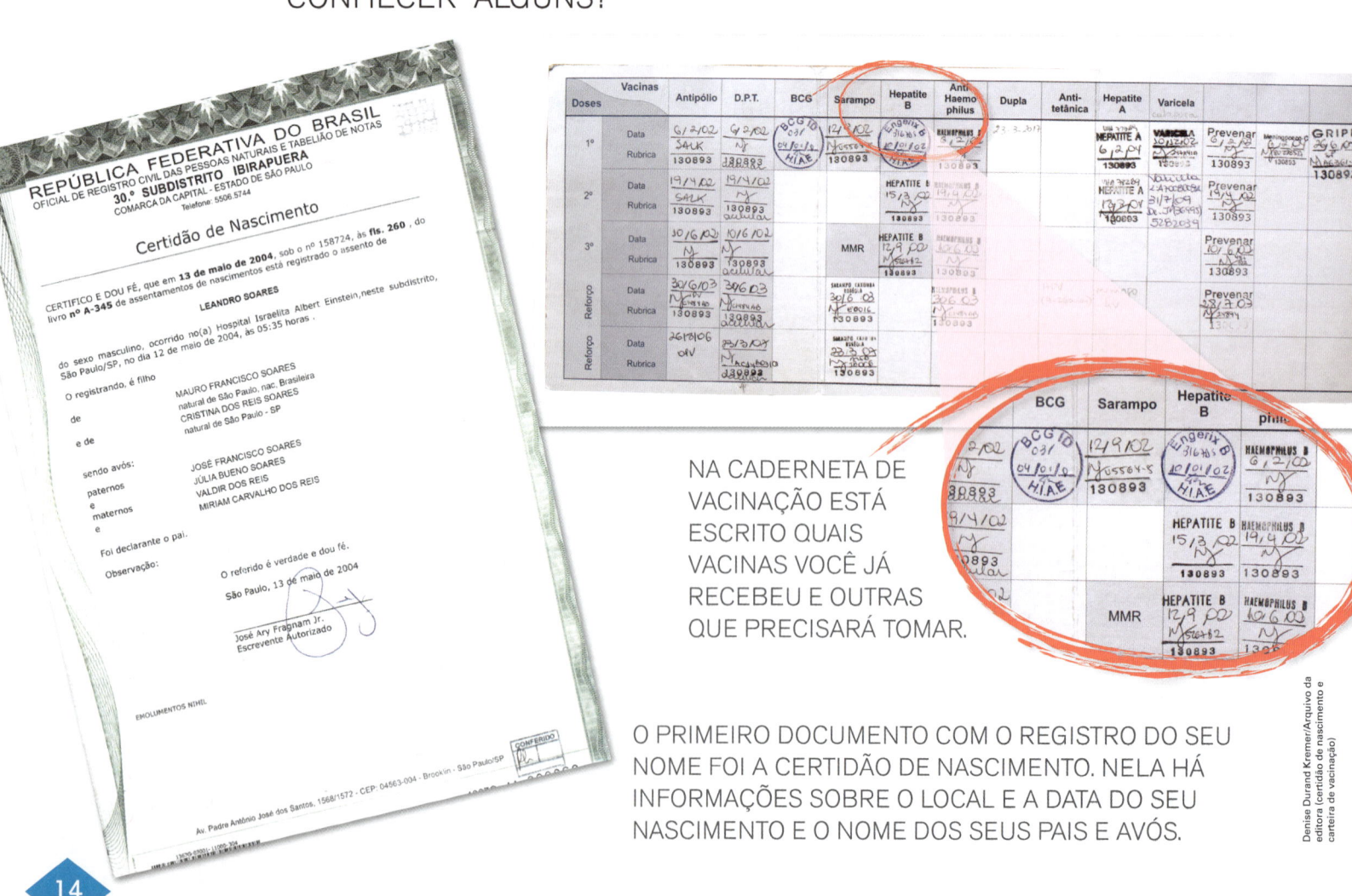

NA CADERNETA DE VACINAÇÃO ESTÁ ESCRITO QUAIS VACINAS VOCÊ JÁ RECEBEU E OUTRAS QUE PRECISARÁ TOMAR.

O PRIMEIRO DOCUMENTO COM O REGISTRO DO SEU NOME FOI A CERTIDÃO DE NASCIMENTO. NELA HÁ INFORMAÇÕES SOBRE O LOCAL E A DATA DO SEU NASCIMENTO E O NOME DOS SEUS PAIS E AVÓS.

E SE OUTRA PESSOA TIVER O MESMO NOME QUE O SEU? ISSO PODE ACONTECER. MAS HÁ UM DOCUMENTO QUE O TORNA ÚNICO. ESSE DOCUMENTO CHAMA-SE CARTEIRA DE IDENTIDADE.

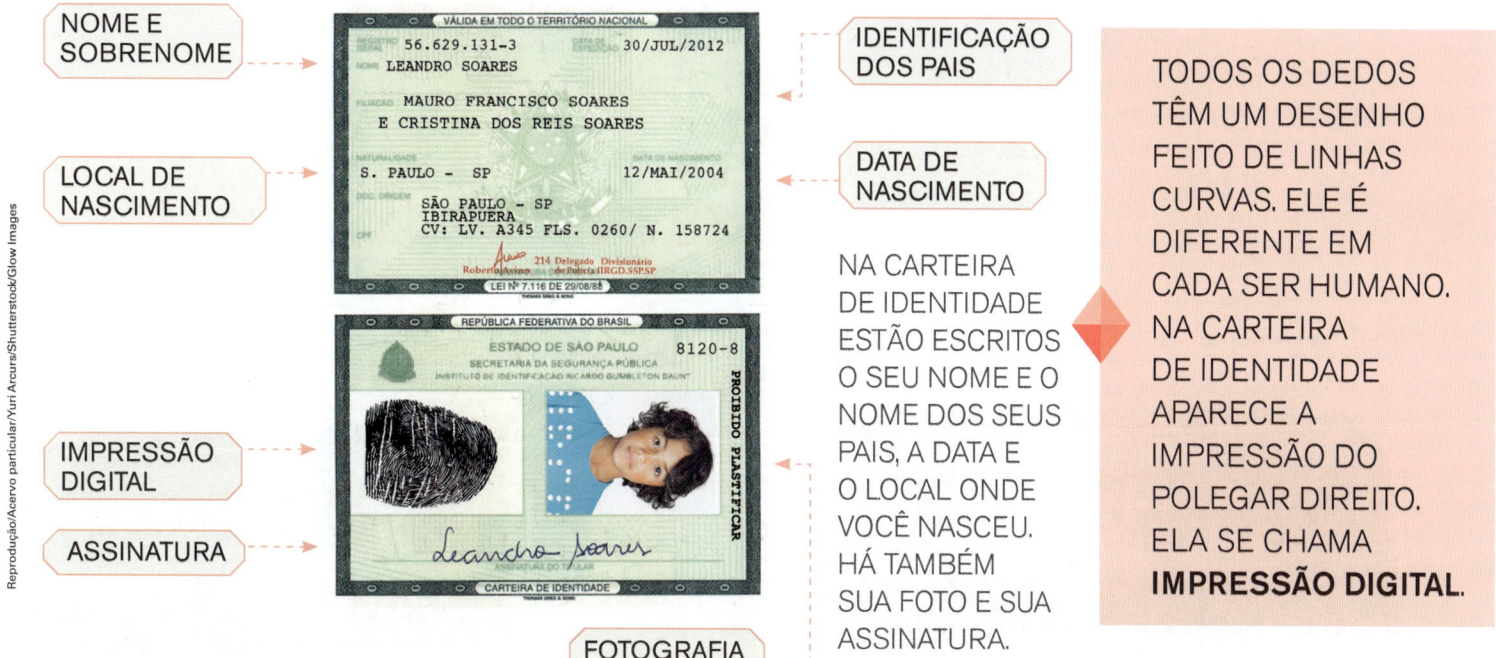

NA CARTEIRA DE IDENTIDADE ESTÃO ESCRITOS O SEU NOME E O NOME DOS SEUS PAIS, A DATA E O LOCAL ONDE VOCÊ NASCEU. HÁ TAMBÉM SUA FOTO E SUA ASSINATURA.

TODOS OS DEDOS TÊM UM DESENHO FEITO DE LINHAS CURVAS. ELE É DIFERENTE EM CADA SER HUMANO. NA CARTEIRA DE IDENTIDADE APARECE A IMPRESSÃO DO POLEGAR DIREITO. ELA SE CHAMA **IMPRESSÃO DIGITAL**.

ATIVIDADE

- PEÇA A AJUDA DE UM ADULTO PARA PREENCHER O QUADRO ABAIXO SOBRE O SEU NASCIMENTO.

HORA	
LOCAL	
DIA, MÊS E ANO	
NOME DOS PAIS	
NOME DOS AVÓS	

SOU IGUAL E SOU DIFERENTE

OBSERVE A FOTO ABAIXO. SERÁ QUE ESTAS IRMÃS SÃO IGUAIS EM TUDO? E VOCÊ ACHA QUE EXISTE ALGUÉM IGUAL A VOCÊ?

AS PESSOAS PODEM TER CARACTERÍSTICAS SEMELHANTES, COMO A COR DOS OLHOS, O NOME, A IDADE OU ALGUNS GOSTOS PESSOAIS. MAS CADA PESSOA TEM UM MODO DE SER E DE AGIR.

OBSERVE AS FOTOS. CADA UMA DESSAS PESSOAS TEM UM JEITO DE SER E UMA HISTÓRIA.

A SUA HISTÓRIA TAMBÉM É ÚNICA PORQUE DESDE SEU NASCIMENTO VOCÊ APRENDEU A ENGATINHAR, ANDAR, FALAR E CONVIVER COM OUTRAS PESSOAS DE UM JEITO SEU. ALÉM DISSO, VOCÊ TEM DOCUMENTOS COM INFORMAÇÕES SÓ SUAS.

ATIVIDADES

1. ESCREVA UM GOSTO SEMELHANTE ENTRE AS MENINAS DA PÁGINA AO LADO.

2. ESCREVA DUAS DIFERENÇAS ENTRE ELAS.

3. SE CADA PESSOA TEM UM JEITO, COMO É POSSÍVEL CONVIVER SEM BRIGAR O TEMPO TODO?

ATIVIDADES DO CAPÍTULO

1. CONVERSE COM UM ADULTO DA SUA FAMÍLIA E RESPONDA:
   - QUEM ESCOLHEU SEU NOME? POR QUÊ?

   _____

   _____

2. EM DUPLAS, OBSERVEM AS IMAGENS E RESPONDAM ÀS PERGUNTAS.

   A) TODOS OS MENINOS TORCEM PARA O MESMO TIME?

   _____

   B) QUAL A DIFERENÇA DE ATITUDE DOS MENINOS NAS DUAS CENAS?

   _____

   _____

    C) NA OPINIÃO DE VOCÊS, COMO PODEMOS CONVIVER COM AS DIFERENÇAS?

3. CONVERSE COM UM COLEGA SOBRE AS PREFERÊNCIAS DE VOCÊS E ESCREVA-AS NO QUADRO.

	VOCÊ	COLEGA
ANIMAL		
BRINCADEIRA		
COMIDA		
FILME OU DESENHO		

- EXISTEM MAIS SEMELHANÇAS OU DIFERENÇAS?

_____

4. OBSERVE A TIRINHA E RESPONDA: SEU MAIOR DESEJO É IGUAL AO DELES? EXPLIQUE.

_____
_____
_____

5. UTILIZE O **MATERIAL COMPLEMENTAR** PARA FAZER UMA CARTEIRINHA DA CLASSE. COMPLETE A CARTEIRINHA COM SUAS INFORMAÇÕES PESSOAIS. NÃO SE ESQUEÇA DE COLAR UMA FOTO.

CAPÍTULO 2
EU GOSTO DE BRINCAR

BRINCAR FAZ PARTE DA HISTÓRIA

PODE SER SOZINHO, COM UM COLEGA OU MUITOS COLEGAS, BRINCAR É MUITO GOSTOSO!

ALÉM DE NOS DIVERTIR, DURANTE A BRINCADEIRA PODEMOS CONHECER MELHOR NOSSOS AMIGOS, FAZER NOVAS AMIZADES, DESCOBRIR DO QUE GOSTAMOS E DO QUE OS OUTROS GOSTAM.

OS BRINQUEDOS JÁ ERAM CONHECIDOS ANTIGAMENTE. VEJA ESSE CARRINHO AO LADO, FEITO PELOS ANTIGOS ROMANOS.

SERÁ QUE SEUS AVÓS E SEUS PAIS TAMBÉM GOSTAVAM DE BRINCAR? ALGUMAS BRINCADEIRAS JÁ EXISTEM HÁ MUITOS ANOS, COMO AMARELINHA, PULAR CORDA, CABO DE GUERRA, PETECA, PIPA, BOLINHA DE GUDE, BONECA.

MUITAS VEZES, AS CRIANÇAS, COM A AJUDA DE ADULTOS, FAZIAM SEUS PRÓPRIOS BRINQUEDOS, UTILIZANDO PAPEL, MADEIRA, BARBANTE, TECIDO, PALHA OU OUTROS MATERIAIS.

VAMOS LER ABAIXO UM EXEMPLO DE COMO ERAM ESSES BRINQUEDOS NO PASSADO.

CARRINHO ROMANO EM FORMA DE CAVALO (SÉCULO V).

> FRANCISCO FERREIRA FILHO TEM HOJE 83 ANOS. EM SUA INFÂNCIA GOSTAVA DE BRINCAR DE FUTEBOL COM SEUS AMIGOS UTILIZANDO UMA BOLA FEITA DE UMA MEIA CHEIA DE PAPEL. DEPOIS GANHOU UMA BOLA PRETA E BRANCA DE SUA MÃE. FOI SEU MELHOR PRESENTE.
>
> ESSE TEXTO ESTÁ NO *SITE* **MUSEU DA PESSOA**. EM: <WWW.MUSEUDAPESSOA.NET>. ACESSO EM: 25 FEV. 2013. (ADAPTADO).

ATIVIDADES

1. PERGUNTE A PESSOAS MAIS VELHAS DE SUA CASA COMO ERAM AS BRINCADEIRAS E OS BRINQUEDOS QUANDO ERAM CRIANÇAS. ESCREVA AQUI O QUE DESCOBRIU.

_____

_____

 2. DO QUE VOCÊ MAIS GOSTA DE BRINCAR? E OS SEUS COLEGAS?

UM DIVERTIMENTO PARA SEMPRE

ALÉM DAS BRINCADEIRAS, PODEMOS NOS DIVERTIR QUANDO LEMOS UM LIVRO. QUANDO LEMOS PODEMOS CONHECER NOVAS PALAVRAS E IMAGINAR DIFERENTES LUGARES E PESSOAS.

HÁ LIVROS NA INTERNET, NAS LIVRARIAS E NAS BIBLIOTECAS DO SEU BAIRRO OU DA SUA ESCOLA. PODEMOS EMPRESTÁ-LOS AOS COLEGAS OU LER OS LIVROS QUE ELES NOS EMPRESTAM.

EXISTEM LIVROS QUE USAMOS PARA ESTUDAR E OUTROS QUE NOS MOSTRAM MUNDOS MÁGICOS. EM TODOS ELES APRENDEMOS ALGUMA COISA NOVA.

NO PASSADO MUITOS POVOS ESCREVERAM O QUE ACONTECIA NA VIDA DELES. MAS NEM TODOS ESCREVIAM LIVROS. OS INDÍGENAS DO BRASIL, POR EXEMPLO, CONTAVAM PARA AS CRIANÇAS AS HISTÓRIAS QUE APRENDIAM.

CRIANÇAS DA ALDEIA PINDO-TE OUVEM HISTÓRIAS CONTADAS POR HOMEM MAIS VELHO EM PARIQUERA-AÇU, NO ESTADO DE SÃO PAULO. FOTO DE 2010.

Renato Soares / Pulsar Imagens

BRINCADEIRAS DE LER

VOCÊ SABE O QUE É PARLENDA?

É UM TEXTO DIVERTIDO QUE PODEMOS LER COMO SE FOSSE UMA MÚSICA. ALGUMAS PARLENDAS SÃO MUITO ANTIGAS.

LEIA A PARLENDA ABAIXO.

CADÊ O TOUCINHO QUE ESTAVA AQUI?

– CADÊ O TOUCINHO QUE ESTAVA AQUI?
– O GATO COMEU.
– CADÊ O GATO?
– FUGIU PRO MATO.
– CADÊ O MATO?
– O FOGO QUEIMOU.
– CADÊ O FOGO?
– A ÁGUA APAGOU.
– CADÊ A ÁGUA?
– O BOI BEBEU.
– CADÊ O BOI?
– ESTÁ AMASSANDO TRIGO.
– CADÊ O TRIGO?
– A GALINHA ESPALHOU.
– CADÊ A GALINHA?
– ESTÁ BOTANDO OVO.
– CADÊ O OVO?
– QUEBROU!

ESSE TEXTO FAZ PARTE DO LIVRO **QUEM CANTA SEUS MALES ESPANTA**. SÃO PAULO: EDITORA CARAMELO, 1998, P. 23.

TOUCINHO: CARNE DE PORCO.

ATIVIDADES

1. RELEIA A PARLENDA E FAÇA UM **X** NAS RESPOSTAS CORRETAS.

A) O QUE O GATO FEZ PRIMEIRO?

☐ FUGIU PARA O MATO.   ☐ COMEU O TOUCINHO.

B) O QUE O BOI FEZ DEPOIS DE BEBER ÁGUA?

☐ AMASSOU O TRIGO.   ☐ ESPALHOU O TRIGO.

2. CONTE AOS SEUS COLEGAS QUAL O SEU LIVRO PREFERIDO E EXPLIQUE POR QUÊ.

ATIVIDADES DO CAPÍTULO

1. ONDE PODEMOS NOS DIVERTIR LENDO? OBSERVE AS IMAGENS E FAÇA UM **X** NA ALTERNATIVA CORRETA.

☐ SOMENTE NA ESCOLA.   ☐ EM MUITOS LUGARES.

2. SURI É UMA MENINA INDÍGENA QUE CONHECE AS BRINCADEIRAS DE SUA ALDEIA NO TEMPO DAS SUAS BISAVÓS. COMO ELA PODE TER DESCOBERTO ISSO?

_____
_____
_____
_____

3. OBSERVE A FOTO ABAIXO E RESPONDA ÀS PERGUNTAS.

A) ELA MOSTRA CRIANÇAS BRINCANDO NO PASSADO OU NO PRESENTE? COMO VOCÊ DESCOBRIU?

_____
_____

B) VOCÊ CONHECE ESSA BRINCADEIRA? ESCREVA O NOME DE TRÊS BRINCADEIRAS E BRINQUEDOS ANTIGOS QUE AINDA EXISTEM.

_____
_____
_____

4. CONVERSE COM UMA PESSOA MAIS VELHA OU PESQUISE EM JORNAIS, REVISTAS, LIVROS E INTERNET UMA PARLENDA. DEPOIS, ESCREVA-A EM UMA FOLHA E FAÇA UM DESENHO SOBRE ELA.

LEITURA DE IMAGEM

IGUAIS E DIFERENTES

BRINQUEDOS, BRINCADEIRAS E COSTUMES PASSAM DE UMA GERAÇÃO PARA OUTRA (DE PAIS PARA FILHOS), DE UM CONTINENTE A OUTRO (POR EXEMPLO, DA ÁFRICA PARA O BRASIL) E DE UM GRUPO PARA OUTRO.

OBSERVE

CRIANÇAS DO POVO YANOMAMI NA ALDEIA DO DEMINÍ, NO AMAZONAS. FOTO DE 2012.

1. O QUE A **IMAGEM 1** MOSTRA? E A **IMAGEM 2**?

2. QUEM SÃO AS CRIANÇAS DA **IMAGEM 1**? COMO PODEMOS SABER?

3. É POSSÍVEL SABER O SENTIMENTO DAS CRIANÇAS NO MOMENTO EM QUE AS FOTOS FORAM TIRADAS? QUAL SERIA?

ANALISE

4. O TIPO DE PINTURA FEITO NO ROSTO DAS CRIANÇAS DE CADA FOTO É O MESMO? POR QUE VOCÊ ACHA QUE ISSO ACONTECE?

_____

_____

_____

_____

MENINA COM PINTURA NO ROSTO NUMA FESTA ESCOLAR, NA CIDADE DE ABIDJAN, NA COSTA DO MARFIM. FOTO DE 2011.

5. ANALISANDO AS DUAS FOTOS, PODEMOS DIZER QUE A PINTURA DO ROSTO, EM DIFERENTES CULTURAS, TEM MAIS SEMELHANÇAS OU MAIS DIFERENÇAS?

_____

_____

RELACIONE

6. VOCÊ JÁ SE PINTOU ALGUMA VEZ? QUAL FOI O MOTIVO?

_____

_____

7. EM GRUPO, PENSEM EM UM TEMA OU UM ACONTECIMENTO QUE MEREÇA SER LEMBRADO E REGISTRADO. DEPOIS, CRIEM DESENHOS PARA REPRESENTAR ESSE PENSAMENTO. CADA GRUPO DEVE PINTAR ESSES DESENHOS NAS MÃOS OU NO ROSTO E EXPLICAR PARA A CLASSE O SEU SIGNIFICADO.

CAPÍTULO 3

MEU DIA A DIA

A HISTÓRIA DE TODO DIA

A HISTÓRIA DE UMA PESSOA É FORMADA POR TUDO O QUE ELA FAZ EM TODOS OS DIAS DA SUA VIDA.

OBSERVE AS ATIVIDADES DE MATEUS EM UM DIA.

AGORA PENSE NAS COISAS QUE VOCÊ FAZ DESDE QUANDO LEVANTA ATÉ A HORA DE DORMIR.

ESSAS ATIVIDADES QUE REALIZAMOS DIARIAMENTE SÃO CHAMADAS DE ROTINA. CADA PESSOA TEM SUA ROTINA.

DIARIAMENTE: QUE ACONTECE TODOS OS DIAS.

PARA AJUDAR A ORGANIZAR A ROTINA VOCÊ PODE USAR UMA AGENDA.

A AGENDA COSTUMA SER DIVIDIDA EM DIAS. CADA DIA PODE SER DIVIDIDO EM HORAS. ASSIM FICA FÁCIL ANOTAR QUANDO DEVEMOS INICIAR CADA ATIVIDADE.

ATIVIDADES

1. QUANDO VOCÊ FAZ AS AÇÕES A SEGUIR? PINTE OS QUADRINHOS PARA RESPONDER USANDO AS CORES ABAIXO.

   MANHÃ   TOMAR BANHO   ALMOÇAR
   TARDE   DORMIR   FAZER LIÇÃO DE CASA
   NOITE   IR PARA A ESCOLA   BRINCAR

2. ESCREVA NA AGENDA ABAIXO O QUE VOCÊ VAI FAZER NESSES PRÓXIMOS DIAS. USE OS ADESIVOS DO **MATERIAL COMPLEMENTAR** PARA ILUSTRAR SUAS ATIVIDADES.

MINHA AGENDA

HORA	DOMINGO	SEGUNDA-FEIRA	TERÇA-FEIRA
9 HORAS			
12 HORAS			
18 HORAS			
21 HORAS			

A ROTINA NÃO É SEMPRE IGUAL

LEIA O TEXTO A SEGUIR. ELE MOSTRA COMO É A ROTINA DE ALGUMAS CRIANÇAS INDÍGENAS.

O DIA A DIA DAS CRIANÇAS INDÍGENAS

DESDE O MOMENTO EM QUE NASCEM, AS CRIANÇAS SÃO TRATADAS DE FORMA MUITO CARINHOSA. AS CRIANÇAS QUE AINDA MAMAM FICAM SEMPRE JUNTO DE SUAS MÃES.

QUANDO DÁ OS PRIMEIROS PASSOS, O BEBÊ COMEÇA A BRINCAR COM AS OUTRAS CRIANÇAS QUE VIVEM PERTO DELE. ELE NUNCA SAI DE PERTO DE SUA MÃE OU AFASTA-SE DA ALDEIA.

NA MEDIDA EM QUE CRESCEM, OS ADULTOS PASSAM A PEDIR ÀS CRIANÇAS PEQUENAS TAREFAS, COMO BUSCAR ÁGUA OU VIGIAR A COMIDA QUE ESTÁ NO FOGO.

HÁ COISAS QUE SÃO FEITAS APENAS POR ADULTOS E AS CRIANÇAS FICAM OBSERVANDO O QUE ELES FAZEM. SÓ QUE NÃO FICAM OBSERVANDO PASSIVAMENTE... POR EXEMPLO: [...] SE UM ADULTO ESTÁ TREINANDO SUAS FLECHADAS, O MENINO ÍNDIO PEGA IMEDIATAMENTE O SEU ARQUINHO E IMITA O HOMEM. SE A MENINA VÊ A MÃE AMAMENTANDO SEU IRMÃOZINHO, ELA PEGA SUA BONEQUINHA E REPETE O GESTO DA MÃE. OU SEJA, TUDO O QUE O ADULTO FAZ A CRIANÇA PODE BRINCAR DE FAZER.

ESSE TEXTO FAZ PARTE DO LIVRO **COISAS DE ÍNDIO (VERSÃO INFANTIL)**, DE DANIEL MUNDURUKU. SÃO PAULO: CALLIS, 2003. P. 28 E 29. (ADAPTADO).

ARQUINHO: ARCO PEQUENO.
PASSIVAMENTE: COM POUCA PARTICIPAÇÃO, SEM TOMAR INICIATIVA.

MENINO INDÍGENA APRENDE A PESCAR COM HOMEM DO POVO KALAPALO. PARQUE INDÍGENA DO XINGU, MATO GROSSO, 2011.

ATIVIDADES

1. QUANDO A CRIANÇA INDÍGENA ESTÁ CRESCENDO A ROTINA DELA MUDA?

   ☐ NÃO, PORQUE ELA CONTINUA NÃO AJUDANDO OS MAIS VELHOS.

   ☐ SIM, ELA COMEÇA A AJUDAR OS ADULTOS.

2. ESCREVA NO QUADRO ABAIXO DIFERENÇAS E SEMELHANÇAS ENTRE SUAS ATIVIDADES DIÁRIAS E AS ATIVIDADES DAS CRIANÇAS DO TEXTO.

SEMELHANÇAS	DIFERENÇAS

3. O QUE MUDA NA ROTINA DE UM BEBÊ INDÍGENA QUANDO ELE COMEÇA A ANDAR?

   _____

   _____

   _____

4. PENSE NAS COISAS QUE VOCÊ FAZIA QUANDO ERA MENOR E COMPLETE A TABELA ABAIXO.

EU FAZIA	EU CONTINUO FAZENDO

A ROTINA DAS CRIANÇAS NO PASSADO

OS SEUS AVÓS E SEUS PAIS DEVEM TER TIDO UMA ROTINA DIFERENTE DA ROTINA DE VOCÊS. ISSO PORQUE AS CONDIÇÕES DE VIDA DAS PESSOAS ERAM DIFERENTES DAS DE HOJE. GRANDE PARTE DAS CRIANÇAS NÃO PODIA FREQUENTAR A ESCOLA.

NAS FAMÍLIAS RICAS, AS CRIANÇAS IAM À ESCOLA OU TINHAM PROFESSORES PARTICULARES.

ERA DIFÍCIL AS CRIANÇAS POBRES CONSEGUIREM ESTUDAR, APRENDER A LER E ESCREVER. MUITAS PRECISAVAM TRABALHAR PARA AJUDAR OS PAIS NAS DESPESAS DA CASA.

ERA POSSÍVEL BRINCAR NAS RUAS, MESMO EM CIDADES GRANDES COMO SÃO PAULO.

NÃO HAVIA TANTOS CARROS NEM TANTA VIOLÊNCIA. NÃO HAVIA TANTOS BRINQUEDOS, NEM INTERNET OU CELULAR. BEM DIFERENTE, NÃO É?

MENINO TRABALHANDO COMO JORNALEIRO, NO RIO DE JANEIRO, POR VOLTA DE 1914.

NOS DIAS ATUAIS

NO ANO DE 1990 FOI CRIADO O **ESTATUTO DA CRIANÇA E DO ADOLESCENTE**. NELE ESTÁ A LEI QUE PROÍBE O TRABALHO DE CRIANÇAS NO BRASIL E GARANTE O SEU DIREITO DE FREQUENTAR A ESCOLA, BRINCAR, SE DIVERTIR E PRATICAR ESPORTES.

VOCÊ JÁ DEVE TER VISTO CRIANÇAS TRABALHANDO DE FORMA IRREGULAR. ELAS ESTÃO NOS SEMÁFOROS DAS GRANDES CIDADES PRINCIPALMENTE. APESAR DE O ESTUDO SER UM DIREITO DE TODAS AS CRIANÇAS, MUITAS NÃO APRENDEM A LER NEM ESCREVER.

AS CONDIÇÕES DE VIDA NÃO SÃO AS MESMAS DO TEMPO DE SEUS AVÓS. MAS AINDA NÃO SÃO BOAS PARA DAR A TODAS AS CRIANÇAS O DIREITO DE TER UMA HISTÓRIA JUSTA.

MENINO ENGRAXATE CAMINHANDO NO MUNICÍPIO DE SÃO PAULO (SP). FOTO DE 2007.

ATIVIDADE

- CONVERSE COM UM ADULTO E PREENCHA A FICHA ABAIXO COM INFORMAÇÕES SOBRE A INFÂNCIA DELE.

NOME: _____

IDADE: _____ LOCAL ONDE MORAVA: _____

ROTINA: _____

ATIVIDADES DO CAPÍTULO

1. OBSERVE A IMAGEM A SEGUIR. ELA RETRATA UM DIA NA VIDA DE UMA MENINA HÁ MAIS DE CINQUENTA ANOS.

UM DIA NA VIDA DE UMA GAROTINHA, DE NORMAN ROCKWELL, 1952.

- QUAL ATIVIDADE A PERSONAGEM NÃO FAZ TODOS OS DIAS?

2. OBSERVE AS IMAGENS E RESPONDA.

RETRATO DE FAMÍLIA, DE JOSEPH MARCELLIN COMBETTE, 1801.

MENINO TRABALHANDO EM MINA DE CARVÃO. INGLATERRA, 1920.

A) AS IMAGENS MOSTRAM CENAS DO PASSADO OU DO PRESENTE?

_____

B) NA SUA OPINIÃO, POR QUE ESSAS CRIANÇAS VIVIAM DE MODOS TÃO DIFERENTES?

_____

_____

3. ESCOLHA UM COLEGA E TROQUE SEU LIVRO COM ELE. CADA UM PREENCHERÁ O QUADRO SOBRE A ROTINA NO LIVRO DO OUTRO.

NOME DO COLEGA: _____

MANHÃ	TARDE	NOITE

ENTENDER O TEMPO HISTÓRICO

MUITOS ARTISTAS PINTARAM A PRÓPRIA IMAGEM. ESSE TIPO DE PINTURA É CHAMADO AUTORRETRATO. OS AUTORRETRATOS MOSTRAM CARACTERÍSTICAS DAS PESSOAS QUE OS PRODUZIRAM E DA ÉPOCA EM QUE ESSAS PESSOAS VIVERAM.

Reprodução/Arcevo da editora

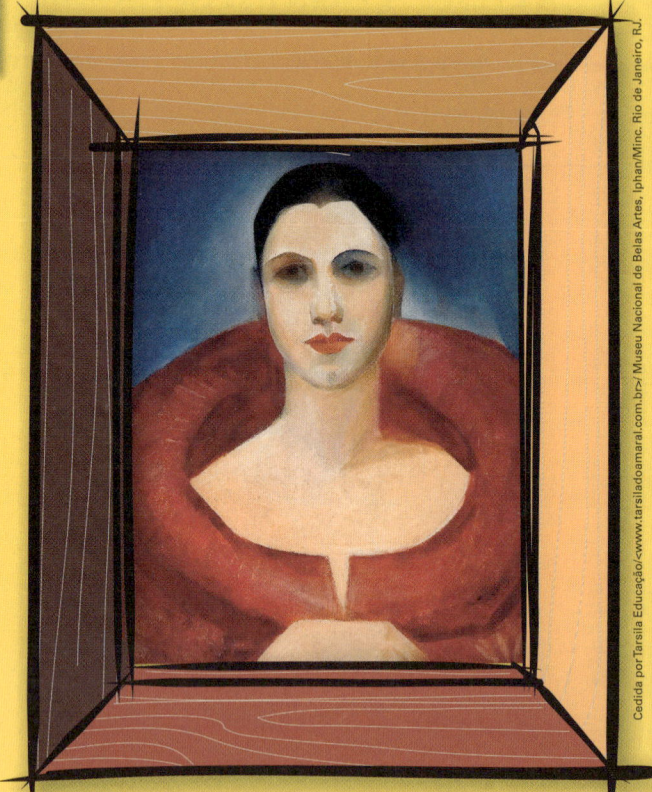

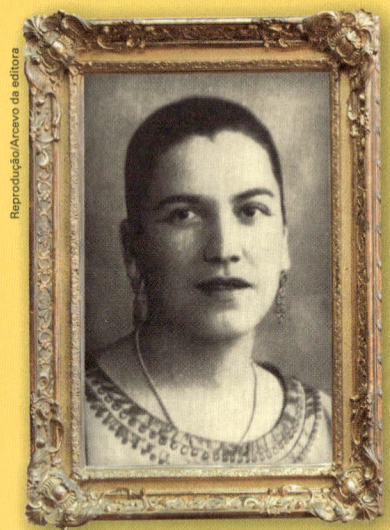

TARSILA DO AMARAL EM FOTO DE 1910, APROXIMADAMENTE.

Cedida por Tarsila Educação/<www.tarsiladoamaral.com.br>/ Museu Nacional de Belas Artes, Iphan/Minc. Rio de Janeiro, RJ.

CASACO VERMELHO (MANTEAU ROUGE), AUTORRETRATO DE TARSILA DO AMARAL, 1923.

OS AUTORRETRATOS DESSAS PÁGINAS FORAM FEITOS PELA ARTISTA BRASILEIRA TARSILA DO AMARAL E PELO ARTISTA ESPANHOL PABLO PICASSO.

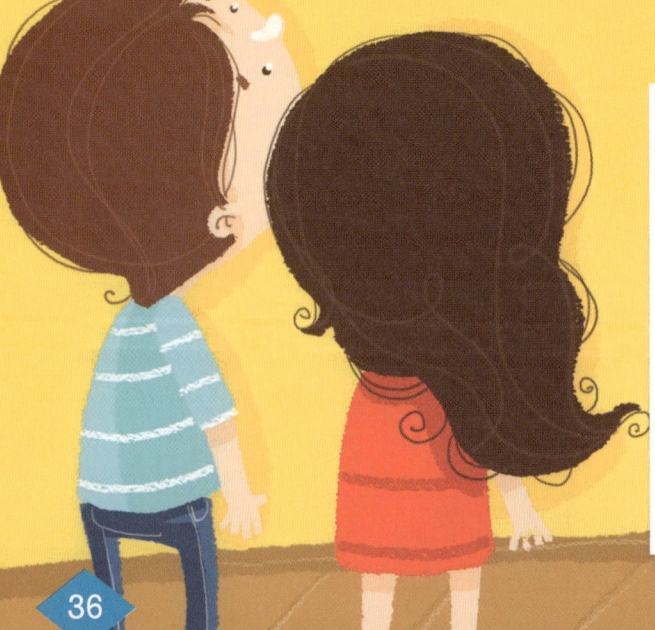

1. VOCÊ ACHA QUE OS ARTISTAS SÃO PARECIDOS COM OS DESENHOS? POR QUÊ?

____

____

____

____

2. CITE UMA SEMELHANÇA E UMA DIFERENÇA ENTRE AS PINTURAS.

_____
_____
_____
_____

3. COMO VOCÊ ACHA QUE ELES SE SENTIAM ENQUANTO PINTAVAM? POR QUÊ?

_____
_____
_____
_____

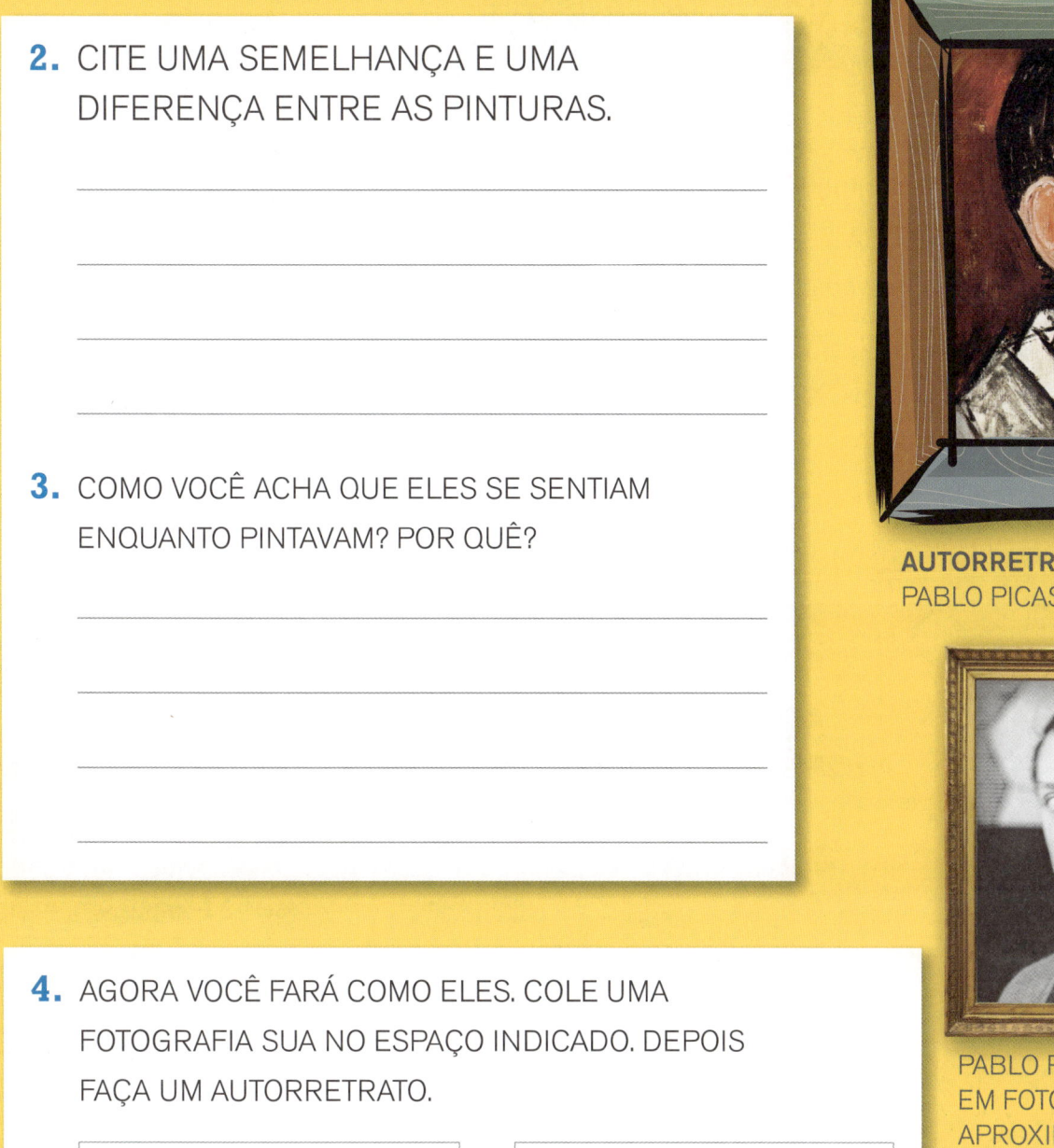

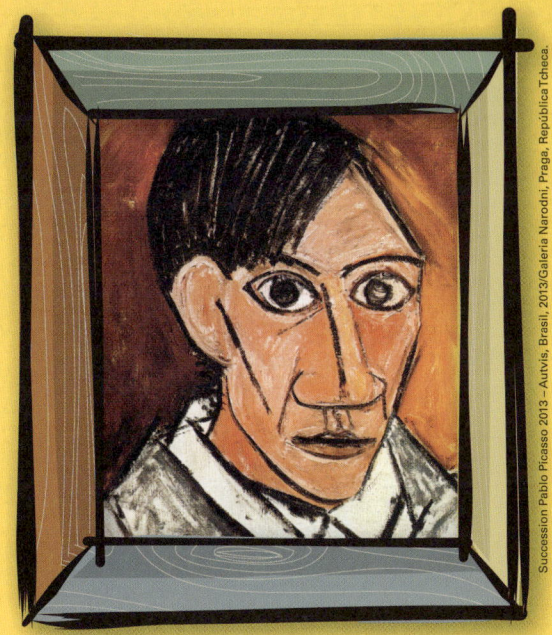

AUTORRETRATO, DE PABLO PICASSO, 1907.

PABLO PICASSO EM FOTO DE 1920, APROXIMADAMENTE.

4. AGORA VOCÊ FARÁ COMO ELES. COLE UMA FOTOGRAFIA SUA NO ESPAÇO INDICADO. DEPOIS FAÇA UM AUTORRETRATO.

FOTOGRAFIA

LER E ENTENDER

VOCÊ VIU NESSA UNIDADE QUE TODOS TEMOS NOMES, ASSIM COMO TUDO O QUE ESTÁ AO NOSSO REDOR. É O NOSSO NOME QUE NOS IDENTIFICA.

CONHEÇA ASTERIX E OBELIX, PERSONAGENS DE UMA HISTÓRIA EM QUADRINHOS QUE SE PASSA NA REGIÃO DA GÁLIA (ATUAL FRANÇA). ASTERIX E OBELIX SÃO AMIGOS. COMO VOCÊ IMAGINA QUE ELES SEJAM? VOCÊ ACHA QUE ELES TÊM SEMELHANÇAS?

ACOMPANHE A LEITURA DO SEU PROFESSOR, OBSERVE AS IMAGENS E CONFIRA!

ASTERIX E A GRANDE TRAVESSIA, DE RENE GOSCINNY E ALBERT UDERZO. RIO DE JANEIRO: RECORD, 1975. P. 26.

ANALISE

1. ONDE, NORMALMENTE, SÃO PUBLICADAS HISTÓRIAS EM QUADRINHOS COMO ESSA?

2. QUEM LÊ HISTÓRIAS EM QUADRINHOS TEM A INTENÇÃO DE:
   - [ ] SE INFORMAR.
   - [ ] SE DIVERTIR.

3. DE QUE ASTERIX E OBELIX GOSTAM?

RELACIONE

4. OS TRÊS PERSONAGENS SÃO SEMELHANTES OU DIFERENTES? EXPLIQUE SUA RESPOSTA.

5. COMO OBELIX E ASTERIX SE APRESENTAM AO INDÍGENA QUE NÃO ENTENDE A LÍNGUA DELES?
   - [ ] FALANDO E GESTICULANDO
   - [ ] MOSTRANDO UM DOCUMENTO PESSOAL

6. VOCÊ ACHA QUE O INDÍGENA ENTENDEU? COMO VOCÊ SE APRESENTARIA SE ESTIVESSE NO LUGAR DE ASTERIX E OBELIX?

7. O QUE VOCÊ ACHOU DIVERTIDO NESSA HISTÓRIA?

O QUE APRENDI?

AGORA É HORA DE RETOMAR TODAS AS DISCUSSÕES REALIZADAS E ORGANIZAR O QUE FOI POSSÍVEL APRENDER COM A DISCUSSÃO SOBRE O QUE É SER CRIANÇA.

1. RETOME AS QUESTÕES QUE FORAM APRESENTADAS NA ABERTURA DESTA UNIDADE. DISCUTA COM OS COLEGAS E O PROFESSOR COMO VOCÊ AS RESPONDERIA AGORA.

PODE ME CHAMAR SÓ DE PEDRO.

2. NO CAPÍTULO 1 VIMOS A IMPORTÂNCIA DOS NOMES E DOS SOBRENOMES PARA A IDENTIFICAÇÃO DE CADA UM. POR QUE NA SUA CASA AS PESSOAS TE CHAMAM MAIS PELO NOME QUE PELO SOBRENOME? POR QUE NA CERTIDÃO DE NASCIMENTO OU NO RG É PRECISO APARECER O SOBRENOME?

3. AS PESSOAS MAIS VELHAS COSTUMAM BRINCAR MENOS DO QUE AS CRIANÇAS. MESMO ASSIM, ELAS PODEM AJUDAR AS CRIANÇAS A BRINCAR? COMO? ALGUMA VEZ UMA PESSOA MAIS VELHA TE AJUDOU A PENSAR EM UMA BRINCADEIRA?

CHEGOU O MOMENTO DE PENSAR EM TUDO O QUE VOCÊ APRENDEU NESTA UNIDADE. VOCÊ VAI AVALIAR O QUE ACHA QUE APRENDEU BEM, O QUE AINDA TEM DÚVIDAS E O QUE PRECISA REVER. ASSINALE OS QUADRINHOS ABAIXO DE ACORDO COM O QUE VOCÊ PENSA. DEPOIS, DISCUTA COM SEUS COLEGAS E SEU PROFESSOR SUAS RESPOSTAS, PARA QUE VOCÊS POSSAM ENTENDER O QUE CADA UM PRECISA MELHORAR.

CAPÍTULO 1 – A HISTÓRIA PESSOAL DE CADA UM: A IMPORTÂNCIA DO NOME E DO SOBRENOME

☐ COMPREENDI BEM

☐ TENHO DÚVIDAS

☐ PRECISO RETOMAR

CAPÍTULO 2 – DIFERENTES FORMAS DE BRINCAR NAS DIFERENTES CULTURAS

☐ COMPREENDI BEM

☐ TENHO DÚVIDAS

☐ PRECISO RETOMAR

CAPÍTULO 3 – DIFERENÇAS NA ROTINA DAS CRIANÇAS DE HOJE E DE ANTIGAMENTE

☐ COMPREENDI BEM

☐ TENHO DÚVIDAS

☐ PRECISO RETOMAR

UNIDADE 2
VIVER EM FAMÍLIA

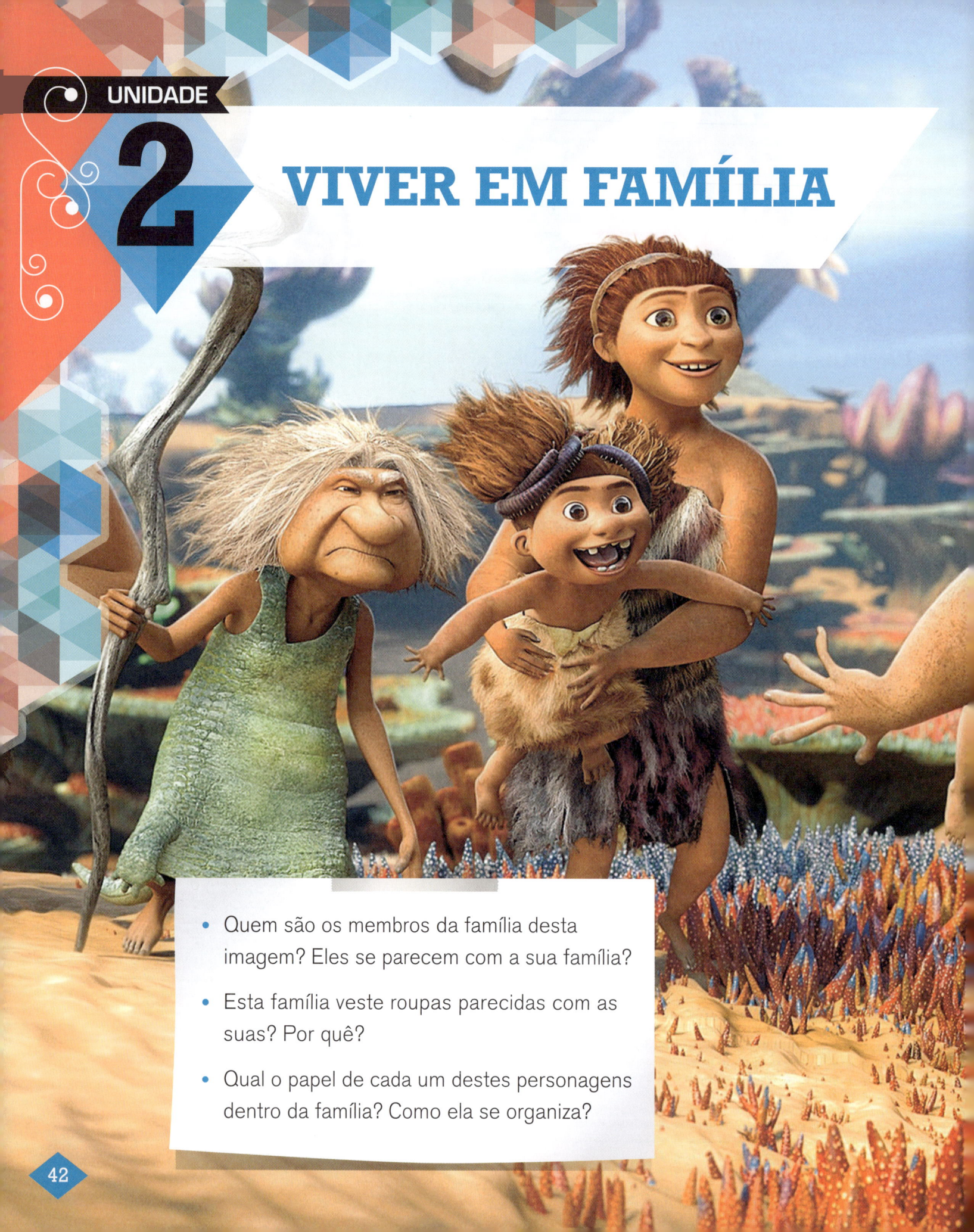

- Quem são os membros da família desta imagem? Eles se parecem com a sua família?
- Esta família veste roupas parecidas com as suas? Por quê?
- Qual o papel de cada um destes personagens dentro da família? Como ela se organiza?

Esta cena faz parte do filme **Os croods**, dirigido por Chris Sanders e Kirk DeMicco. DreamWorks Animation, 2013.

CAPÍTULO 1

EM CASA É ASSIM

MINHA FAMÍLIA

No dia a dia as pessoas de uma família convivem e podem fazer muitas atividades juntas, como comer e ver TV. Cada família possui sua rotina. Há famílias em que todos acordam na mesma hora. Em outras, as pessoas acordam em horas diferentes ou não fazem as refeições no mesmo horário.

Com as pessoas da sua família você pode aprender, discutir, dividir problemas, receber e dar ajuda, se aborrecer e se divertir. Cada família é de um jeito.

Vamos conhecer mais sobre a sua família? Pense em um dia especial que você passou com sua família. Faça no quadro um desenho sobre esse dia.

ATIVIDADES

1. Observe seu desenho e responda.

    a) Qual o nome das pessoas que você desenhou?

    _____

    _____

    _____

    b) O que vocês fizeram nesse dia?

    _____

    _____

    _____

2. Quais são as características da sua família? Pinte os quadrinhos para responder.

    silenciosa   falante   triste

    bagunceira   calma   grande

    pequena   alegre   brava

3. Escreva uma atividade que você e sua família fazem juntos:

    • todos os dias: _____

    _____

    • nos finais de semana: _____

    _____

    • nas suas férias escolares:

    _____

REPRESENTANDO AS FAMÍLIAS

Você já viu fotografias de reuniões e de festas em que aparecem muitas pessoas de um mesmo grupo familiar? Algumas fotografias, pinturas e esculturas representam famílias. Quando observamos esses materiais, podemos descobrir algumas informações sobre elas.

Observe a pintura e a foto abaixo. Depois, responda.

A família, pintura de Tarsila do Amaral, 1925.

Família do povo watatulu, da Tanzânia, África. Foto de 2010.

ATIVIDADES

1. Quais informações você pode observar na pintura?

    ☐ Quantos adultos e crianças formam essa família.

    ☐ O que eles estão conversando.

    ☐ Os animais da família.

2. O que podemos observar na foto?

    ☐ Qual o jeito de cada pessoa.

    ☐ Quantas pessoas há nessa família.

    ☐ O modo como eles se vestem.

Você já pensou sobre quantas pessoas existiram na sua família até chegar em você? Você pode representar a história da sua família num desenho chamado árvore genealógica. Veja um exemplo:

Érica e Tatiane são filhas de Sílvio e Lígia. Os avós maternos delas são Roberto e Glória, e seus avós paternos são Ivan e Maria.

A árvore ajuda você a conhecer melhor sua história. Junto ao nome de seus parentes, você pode colocar o lugar onde cada um nasceu.

Muitas crianças não conhecem seus parentes, não sabem quem são seus pais ou avós. O desenho de sua árvore vai ter as pessoas que formam sua família atual.

Pedro e Mariana são filhos de Vanessa, mas eles não conhecem o pai.

ATIVIDADES DO CAPÍTULO

1. Desenhe a árvore genealógica da sua família no espaço abaixo. Lembre-se de escrever o nome das pessoas que desenhar.

2. Os quadrinhos abaixo mostram o personagem Calvin e sua mãe. Leia-o e depois responda.

A vingança dos oprimidos, de Bill Watterson. São Paulo: Cedibra, 1991. (Calvin e Haroldo).

a) O que Calvin não queria fazer?

_____

_____

b) Por que Calvin diz sobre a mãe: "Puxa, como ela me conhece."?

_____

_____

c) Na sua casa ocorre essa situação?

_____

_____

_____

3. Existe alguém na sua família que você goste mais de estar perto, brincar, conversar e fazer outras atividades? Escreva o nome dela e como é o jeito dessa pessoa.

_____

_____

_____

CAPÍTULO 2

FAMÍLIAS DIFERENTES

AS PESSOAS E SUAS FAMÍLIAS

No passado, quando se falava em família, logo se imaginava o pai, a mãe e muitos filhos. Será que continua assim?

Hoje conhecemos outros tipos de família. Observe este prédio. Em cada apartamento há um grupo familiar diferente.

Existem famílias em que os pais se separam. Os filhos vivem alguns dias com o pai e outros com a mãe. Se o pai e a mãe se casam novamente com outras pessoas, podem ter novos filhos. Os filhos do primeiro casamento ganham novos irmãos diferentes por parte de pai e por parte de mãe.

Em algumas famílias os adultos adotam uma ou mais crianças. Eles são seus pais adotivos.

ATIVIDADES

1. Leia o texto e responda às questões.

Ly é filha adotiva de Juliana e Roberto.

A FAMÍLIA DE MARCELO

A MINHA FAMÍLIA É ASSIM:

TEM MEU PAI QUE SE CHAMA JOÃO.

TEM MINHA MÃE QUE SE CHAMA LAURA.

E TEM A MINHA IRMÃ PEQUENA, QUE SE CHAMA ANINHA.

EU AINDA TENHO UM AVÔ QUE É PAI DO MEU PAI E UM AVÔ QUE É PAI DA MINHA MÃE.

EU TENHO UMA AVÓ QUE É MÃE DA MINHA MÃE E UMA AVÓ QUE É MÃE DO MEU PAI.

Esse texto faz parte do livro **A família de Marcelo**, de Ruth Rocha. São Paulo: Moderna, 2011. p. 5-7.

a) Na família de Marcelo há mais adultos ou mais crianças?

_____

b) Há mais semelhanças ou diferenças entre a família de Marcelo e a sua? Responda citando um exemplo.

_____

_____

_____

2. Existem crianças que não têm família. Fugiram de casa porque eram maltratadas ou foram abandonadas. Converse com seu professor sobre quem deveria cuidar dessas crianças.

FAMÍLIAS AO REDOR DO MUNDO

Você já pensou como vivem as crianças em diferentes lugares do mundo?

O modo como elas e suas famílias vivem, se alimentam, brincam tem semelhanças e diferenças.

Vamos conhecer algumas delas.

Esta é a família de Horácio. Eles vivem em La Paz, na Bolívia. O pai de Horácio trabalha no banco e sua mãe é professora. Na maior parte do ano ele mora na escola. Horácio volta para casa e fica com os pais nos meses de dezembro, janeiro e fevereiro. Ele costuma comer sopa de macarrão com arroz e batata. Quase todos os dias, acorda às 5h e vai dormir às 20h. Sua brincadeira preferida é jogar *videogame*.

Napirai pertence ao povo massai. Ela possui oito irmãos e vive com todos eles no Quênia. Ela vai dormir às 21h, mas gostaria de ir mais tarde. Seu alimento preferido é leite. A brincadeira de que ela mais gosta é corrida.

Mieko

Massami

Mieko e Massami vivem com os tios em Otsuchi, no Japão. Eles gostam de comer peixe e legumes. De segunda-feira até sexta-feira, eles estudam das 7h até às 17h e vão dormir às 20h. Nos finais de semana gostam de apostar corrida. A casa deles é feita de madeira e fica coberta com gelo no inverno, quando eles brincam de fazer bonecos de neve.

ATIVIDADES

1. Complete o quadro com as informações sobre Horácio, Napirai, Mieko e Massami. Depois pinte de os quadrinhos que mostrem semelhanças.

	Horácio	Napirai	Mieko e Massami
Onde vive			
Com quem mora			
Comida preferida			
Brincadeira favorita			
Horário de dormir			

2. Converse com seus colegas sobre qual das famílias apresentadas você gostaria de conhecer e por quê.

ATIVIDADES DO CAPÍTULO

1. Leia a fala de cada criança e relacione-a ao local onde ela vive.

> ME CHAMO KIPA. EU SOU ESQUIMÓ E VIVO COM MINHA FAMÍLIA NO ALASCA, ONDE NEVA BASTANTE.

> MEU NOME É TUIA. VIVO COM MINHAS IRMÃS E MEUS PAIS NA ALDEIA DOS TEMBÉ, QUE É O NOME DO MEU POVO. GOSTO MUITO DOS ANIMAIS, ELES SÃO NOSSOS AMIGOS.

> SOU O YANIS. VIVO COM MEUS PAIS E MINHA AVÓ NA GRÉCIA. NOSSA CASA É FEITA DE PEDRA, IGUAL A DOS MEUS AVÓS E BISAVÓS. QUANDO CRESCER QUERO ESTUDAR HISTÓRIA.

2. Monte uma família no espaço abaixo. Use os adesivos do **Material complementar**. Depois, preencha o quadro.

a) Qual o sobrenome da família que você criou?

_____

b) Onde a família mora?

_____

c) Cite duas atividades da rotina dessa família.

_____

_____

CAPÍTULO 3
FAMÍLIAS AO LONGO DO TEMPO

FAMÍLIAS DO PASSADO

No Brasil, há quase duzentos anos, a maior parte das famílias vivia no campo. Era comum os casais terem muitos filhos, os homens trabalharem fora de casa e as mulheres trabalharem em casa cuidando dos filhos e das tarefas domésticas.

Em algumas famílias as mulheres também trabalhavam fora de casa. Muitas delas eram agricultoras, costureiras, lavadeiras e cozinheiras.

A pintura mostra uma família rica. Observe que o homem vai na frente para mostrar seu poder e respeito, enquanto as outras pessoas da família e os africanos escravizados ficam atrás dele. **Funcionário passeando com a família**, de Jean-Baptiste Debret, 1825.

A imagem mostra uma família de plantadores dentro de uma residência. Veja que no cômodo da casa há poucos móveis e pessoas sentadas no chão. Era comum as pessoas irem dormir quando o sol se punha e levantarem com o nascer do sol. Nessa época não havia luz elétrica e a iluminação era feita com velas e óleos. **Família de plantadores**, Johann Rugendas, 1835.

Há cinquenta anos muitas famílias já viviam nas cidades. A quantidade de mulheres que trabalhavam fora de casa havia aumentado e o uso de aparelhos elétricos crescia no Brasil.

No dia a dia muitas famílias se reuniam para ouvir rádio ou assistir à televisão. Além desses aparelhos, as pessoas já utilizavam eletrodomésticos como aspirador de pó e máquina de lavar roupa.

Nessa época o número de escolas e de alunos havia aumentado. Além disso, as crianças tinham mais opções de livros para ler que no passado. Para aquelas que gostavam de assistir à televisão, surgiam os programas criados para crianças. E nas ruas elas continuavam a brincar e se divertir.

Foto de família brasileira reunida em casa assistindo à televisão, cerca de 1950.

ATIVIDADE

- Pinte com as cores abaixo.

    🟢 Há duzentos anos.

    🟠 Há cinquenta anos.

    ☐ Grande parte das famílias vivia na cidade.

    ☐ A maioria das famílias vivia no campo.

    ☐ As famílias utilizavam aparelhos elétricos.

    ☐ Era maior o número de escolas e de alunos.

A FAMÍLIA E SUA HISTÓRIA

O dia do seu nascimento, um passeio no parque com a vovó ou alguém de sua família, o dia em que sua irmã ou seu irmão nasceram ou quando seus pais se conheceram são acontecimentos que fazem parte da história da sua família. Cada família tem sua história, e ela pode ser registrada de várias formas.

Observe o baú de Francisco. Quais objetos estão dentro dele? Eles podem contar a história da família de Francisco?

Os objetos que Francisco guardou no baú são parte da história da família dele. Eles tornam possível conhecer mais sobre Francisco, seus pais e avós.

Além de fotos, cartas, documentos pessoais e outros objetos, a história familiar pode ser descoberta em conversas com os mais velhos.

Leia o que Maísa descobriu.

DE TANTO FAZER PERGUNTAS, ACABEI DESCOBRINDO UMA PORÇÃO DE HISTÓRIAS SOBRE A MINHA FAMÍLIA. FIZ UMA LISTA DAS MINHAS CURIOSIDADES FAVORITAS. [...]

MINHA AVÓ TINHA TANTO MEDO DE LAGARTIXA QUANTO EU!

A MINHA VOZ É IGUALZINHA À DA MINHA AVÓ.

O PRÉDIO ONDE MEU PAI NASCEU, NO LARGO DOM PEDRO, NO CENTRO DA CIDADE DE SÃO PAULO, EXISTE ATÉ HOJE.

Esse texto faz parte do livro **A árvore da família,** de Maísa Zakzuk. São Paulo: Panda Books, 2007. p. 28-29. (Adaptado).

ATIVIDADE

- Marque com **X** a alternativa correta.

    a) Eu posso descobrir:

    ☐ quais alimentos uma família comia.

    ☐ quais passeios uma família fazia.

    b) Eu posso descobrir:

    ☐ o sobrenome de uma família.

    ☐ a rotina de uma família.

    c) Eu posso descobrir:

    ☐ a rotina da minha família.

    ☐ os acontecimentos de outra época.

Livro de receitas antigo.

Carteira de identidade antiga.

Jornal antigo.

ATIVIDADES DO CAPÍTULO

1. Leia o texto e depois faça o que se pede.

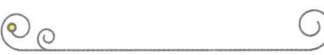

> UM DIA DESSES, ENQUANTO VOVÔ ANDAVA PELO SÍTIO, VOVÓ TIROU UMA PORÇÃO DE COISAS DO ARMÁRIO E COMEÇOU A ME CONTAR SUAS HISTÓRIAS. PRIMEIRO, ELA PEGOU UMA CAIXA BONITA DE MADEIRA [...]
>
> – O QUE É QUE TEM DENTRO DESTA CAIXA, VOVÓ? SÃO CONCHINHAS?
>
> – QUANDO EU IA PARA NOVA VIÇOSA, NA BAHIA, GOSTAVA DE ANDAR NA PRAIA E DE AJUNTAR CONCHINHAS.
>
> – E A SENHORA TAMBÉM USAVA BIQUÍNI?
>
> – BIQUÍNI? IMAGINE! EU NEM SABIA O QUE ERA ISSO!
>
> Esse texto faz parte do livro **Os guardados da vovó**, de Nye Ribeiro. Valinhos: Roda & Cia., 2009. p. 14 e 17.

a) Grife no texto quem contou as histórias sobre o passado e quais objetos a personagem observou.

b) Assinale os objetos que uma pessoa não conhecia no ano de 1915.

2. Observe as imagens. A foto 1 apresenta uma família do passado ou do presente? E a foto 2? Compare-as e escreva uma semelhança e uma diferença entre as famílias.

_____
_____
_____
_____
_____
_____
_____
_____

3. Selecione um objeto da sua família. Pense em algo que é importante para vocês. Depois, observe-o e responda às questões no caderno. Compartilhe com os colegas os resultados da sua observação.

- Qual objeto você escolheu?
- Para que ele é usado?
- Quem usa este objeto? Com que frequência?
- Quais informações sobre a história da sua família você pode conhecer observando esse objeto?

4. Faça um baú para as suas recordações usando o **Material complementar**.

ENTENDER O TEMPO HISTÓRICO

Observe a fotografia da família Bernadi. Essa foto foi tirada em 1920, no Paraná. Essa família era composta por italianos, pessoas que vieram do país chamado Itália para viver no Brasil.

Muitas fotos como essa são guardadas pelas famílias. Outras estão guardadas em lugares que se dedicam a preservar informações históricas, como os arquivos, as bibliotecas e os museus. Essas fotos nos ajudam a entender melhor uma outra época.

Família Bernadi em Cambé, no Paraná, em 1920.

- Converse com seus colegas sobre o que mais lhe chamou a atenção na imagem e responda às questões a seguir.

a) Há quantos anos a fotografia foi tirada?

_____
_____

b) Quantas pessoas aparecem na fotografia? Onde elas estão?

_____
_____
_____

c) Como são as roupas delas? Há diferenças entre as roupas usadas pelas crianças e pelos adultos?

_____
_____
_____
_____
_____

d) Você acha que é comum usarmos essas peças de roupa ainda hoje? Como você se veste quando está em casa ou sai para passear?

_____
_____
_____
_____
_____

LER E ENTENDER

A letra de canção reproduzida abaixo é cantada por um grupo brasileiro e fala sobre o tema que você estudou nesta unidade.

VOVÔ

QUANDO VEJO O MEU VOVÔ
QUE É PAI DO MEU PAPAI
PENSO QUE UM TEMPO ATRÁS
ELE ERA O QUE EU SOU

AGORA SOU CRIANÇA
E O VOVÔ TAMBÉM JÁ FOI
A VIDA É UMA BALANÇA
ONTEM, HOJE E DEPOIS

AMANHÃ TALVEZ QUEM SABE
EU SEREI UM OUTRO AVÔ
E O FILHO DO MEU FILHO
SERÁ O QUE HOJE EU SOU

ONTEM, HOJE E DEPOIS
ONTEM, HOJE E DEPOIS
ONTEM, HOJE E DEPOIS...

A letra da canção **Vovô**, de Paulo Tatit e Edith Derdyk, está disponível em: <www.palavracantada.com.br/files/download/ z41clnj4a7d82w3mikea.pdf>. Acesso em: 20 mar. 2013.

ANALISE

1. Você gostou da letra dessa canção? Por quê?

   _____
   _____

2. De acordo com a letra da canção, o avô também já foi:

   ☐ criança.   ☐ tio.   ☐ irmão.

3. A letra dessa canção se parece com algum outro texto que você conhece? Qual(is)?

   _____

4. De acordo com a letra da canção, é correto afirmar que:

   ☐ Avô é o mesmo que pai do pai.

   ☐ As crianças nunca envelhecem.

RELACIONE

5. Quais membros da família foram mencionados nessa letra?

   _____

6. As palavras **ontem**, **hoje** e **depois** que aparecem na canção indicam as partes da história de uma pessoa. Preencha o quadro com as informações de duas pessoas mais velhas.

Nome/idade		
Ontem eu fui		
Hoje eu sou		
Amanhã eu serei		

O QUE APRENDI?

Agora é hora de retomar todas as discussões realizadas e organizar o que foi possível aprender com a discussão sobre o que significa viver em família.

1. Retome as questões que foram apresentadas na abertura desta unidade. Discuta com os colegas e o professor como você as responderia agora.

2. No capítulo 2, pudemos conhecer as diferentes famílias que vivem ao redor do mundo. Agora pense e registre: o local onde cada família vive faz diferença na rotina delas? Por exemplo: faz diferença para as pessoas viver em um lugar muito quente ou em um lugar muito frio?

3. Veja esta lista de objetos antigos que ilustraram o capítulo 3:

| Livro de receitas | Carteira de Identidade | Jornal | Fotografia |

Agora escolha um deles e escreva um pouco sobre de que forma esse objeto pode nos ajudar a conhecer mais a vida em outras épocas.

_____
_____
_____
_____

Chegou o momento de pensar em tudo o que você aprendeu nesta unidade. Você vai avaliar o que acha que aprendeu bem, o que ainda tem dúvidas e o que precisa rever. Assinale os quadrinhos abaixo de acordo com o que você pensa. Depois, discuta com seus colegas e seu professor suas respostas, para que vocês possam entender o que cada um precisa melhorar.

Capítulo 1 – As características da minha família e nossa rotina

☐ Compreendi bem

☐ Tenho dúvidas

☐ Preciso retomar

Capítulo 2 – As diferentes formas de organizar as famílias

☐ Compreendi bem

☐ Tenho dúvidas

☐ Preciso retomar

Capítulo 3 – Os documentos e materiais que me ajudam a conhecer outras épocas

☐ Compreendi bem

☐ Tenho dúvidas

☐ Preciso retomar

UNIDADE

3 IR PARA A ESCOLA

- Que objetos você vê na imagem e que se parecem com aqueles que você usa na sua escola? E que materiais são diferentes?

- Estes alunos têm as mesmas aulas que você? Como você imagina que é a rotina deles?

Esta cena faz parte do filme **Harry Potter e a Pedra Filosofal**, dirigido por Chris Columbus. Warner Bros, 2001.

CAPÍTULO 1

CONHECENDO A ESCOLA

SUA ESCOLA

Você reclama porque precisa ir para a escola? Ou você gosta muito? Você já imaginou como seria se não pudesse ir à escola?

Todas as pessoas têm o direito de frequentar a escola. Na escola aprendemos coisas novas, conhecemos pessoas diferentes e podemos encontrar nossos amigos.

Veja algumas atividades que podemos fazer na escola.

Aula de leitura na Escola Indígena Guarani M'Bya, na cidade de São Paulo. Foto de 2012.

Aula de Língua Portuguesa em Salgueiro, no estado de Pernambuco. Foto de 2011.

Crianças brincando de bambolê, na cidade de São Paulo. Foto de 2009.

ATIVIDADES

1. Observe as imagens da página anterior. Quais dessas atividades você já praticou na escola?

_____

_____

2. Em dupla, descubram qual o lugar preferido de cada um na escola.

   a) Entreviste seu colega sobre o lugar preferido dele na escola. Faça as perguntas do quadro abaixo e escreva as respostas no espaço indicado. Depois é a sua vez de responder. Seu colega anotará suas respostas no livro dele.

Características do lugar	Respostas
É grande ou pequeno?	
É utilizado para brincar?	
É utilizado para praticar esportes?	
É utilizado para leitura?	
É utilizado para comer ou beber?	
O professor fica junto com os alunos?	

   b) Leia as características, tente descobrir o lugar e escreva no espaço abaixo. Depois, confira com seu colega se você acertou.

_____

ESTAR NA ESCOLA

Quanto tempo você fica na escola? Além dos professores e dos alunos, há outras pessoas que frequentam a escola?

A escola é um lugar onde muitas pessoas costumam passar bastante tempo juntas. Nela convivemos com colegas, professores e funcionários.

Estudantes Guaranis-Kaiowás recebem merenda em escola indígena, em Amambai, no Mato Grosso do Sul. Foto de 2012.

Estudantes têm aula de agricultura, na cidade de São Paulo. Foto de 2001.

Na escola temos uma rotina. Há hora para as aulas, para o descanso e para as brincadeiras. Cada um tem suas tarefas e todos devem colaborar para que a escola seja um lugar agradável de estar e de aprender.

Como as pessoas podem colaborar para a boa convivência na escola?

Leia estas plaquinhas. Nelas estão escritas atitudes que podem atrapalhar a convivência.

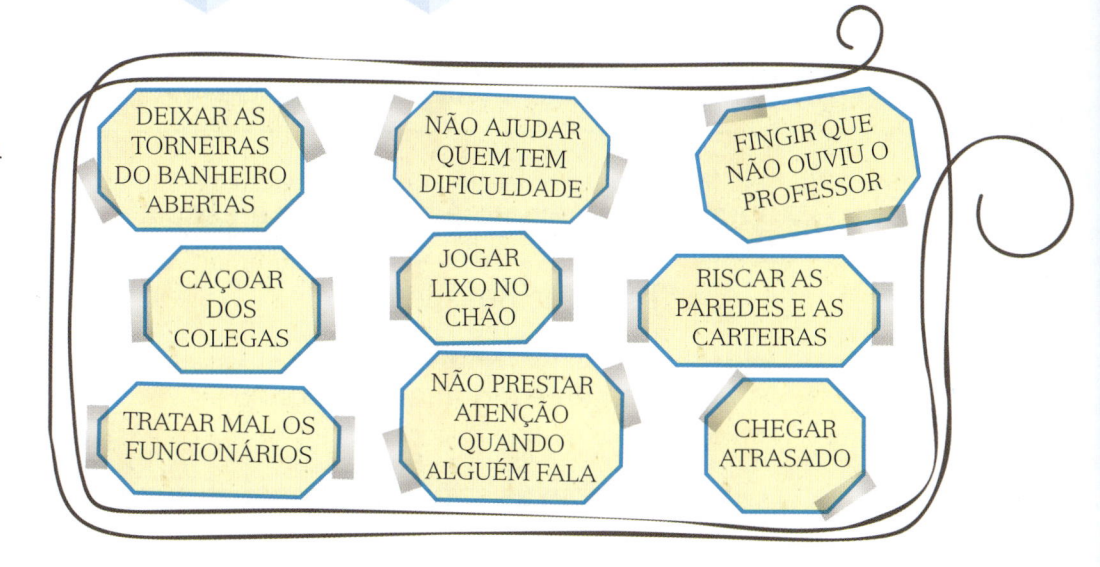

- DEIXAR AS TORNEIRAS DO BANHEIRO ABERTAS
- NÃO AJUDAR QUEM TEM DIFICULDADE
- FINGIR QUE NÃO OUVIU O PROFESSOR
- CAÇOAR DOS COLEGAS
- JOGAR LIXO NO CHÃO
- RISCAR AS PAREDES E AS CARTEIRAS
- TRATAR MAL OS FUNCIONÁRIOS
- NÃO PRESTAR ATENÇÃO QUANDO ALGUÉM FALA
- CHEGAR ATRASADO

ATIVIDADE

- A ilustração mostra a sala de aula de uma escola.

a) Os alunos cuidaram da sala onde estudam? Como você descobriu?

_____
_____

b) Você gostaria de estudar em um lugar assim? Por quê?

_____
_____
_____
_____

73

ATIVIDADES DO CAPÍTULO

1. Quem tem o direito a frequentar a escola? Faça um **X** na alternativa correta.

    ☐ Todas as pessoas.

    ☐ Somente algumas pessoas.

2. Complete com as informações sobre sua escola.

    Minha escola se chama: _____

    _____

    Minha professora/Meu professor é: _____

    A diretora/O diretor é: _____

    Quem cuida da gente na saída é: _____

    Quem limpa a escola é: _____

3. Complete o quadro com as atividades que você faz na escola:

Todos os dias	Algumas vezes

4. Leia o bilhete que Sílvio escreveu e depois responda.

> Mãe
> Não quero ir mais para a escola. Todos os dias o Ricardo e a turma dele riem de mim e me batem na hora do recreio só porque eu sou gordo. Ninguém mais fala comigo, tenho medo deles. Fico muito nervoso e choro. A professora não vê. Ela acha que eu não presto atenção na aula. Me ajuda quando você chegar hoje do trabalho?
> Sílvio

a) Por que Sílvio não quer ir para a escola?

_____
_____

b) A professora sabe o que está acontecendo com ele?

_____
_____

c) Você conhece alguém que passou por uma situação semelhante? Caso você conheça, conte para os colegas o que aconteceu.

5. Converse com os colegas sobre como deve ser a rotina das crianças que não frequentam a escola.

CAPÍTULO 2

A ESCOLA DE CADA UM

A MINHA ESCOLA

O que não pode faltar em uma escola? Alunos e professores. Eles existem em todas as escolas, mas isso não quer dizer que elas sejam exatamente iguais.

O tipo de construção, o espaço para os estudos, a organização das salas e os materiais escolares utilizados podem variar muito de uma escola para outra. O dia a dia também pode ser bem diferente de uma escola para a outra.

EU SOU A MARIA E COMEÇO A ESTUDAR TODOS OS DIAS DE MANHÃ PORQUE MEUS PAIS VÃO TRABALHAR NESSE HORÁRIO. EU CHEGO À ESCOLA ÀS 6 HORAS E 20 MINUTOS, QUANDO ESTÁ COMEÇANDO O DIA. NA ESCOLA, ALÉM DE ESTUDAR, EU TOMO CAFÉ DA MANHÃ E ALMOÇO. VOU EMBORA QUANDO MEUS PAIS CHEGAM PARA ME BUSCAR.

Escola municipal em Triunfo, estado de Pernambuco. Foto de 2010.

EU SOU O PEDRO E FICO A MAIOR PARTE DO ANO NA ESCOLA PORQUE MORO NELA. POR ISSO, VEJO POUCO MEUS PAIS DURANTE O ANO. NA MINHA ESCOLA EU NÃO PRECISO FICAR NA SALA DE AULA QUANDO NÃO QUERO. TAMBÉM NÃO FAÇO PROVAS, MAS AS AULAS SÃO INTERESSANTES E EU APRENDO BASTANTE PORQUE SEI QUE O ESTUDO É MUITO IMPORTANTE.

Colégio Summerhill em Leiston, na Inglaterra. Foto de 2011.

Escola indígena em Santa Isabel do Rio Negro, no Amazonas. Foto de 2011.

EU SOU BAKÚ E MINHA IRMÃ SE CHAMA PIÃ-TATÁ. NÓS APRENDEMOS A LER E A ESCREVER EM PORTUGUÊS E NA LÍNGUA DO NOSSO POVO. TAMBÉM CONHECEMOS A NOSSA HISTÓRIA E A DOS NÃO INDÍGENAS. ALÉM DO QUE APRENDEMOS NA ESCOLA, NO DIA A DIA DA ALDEIA, OS ADULTOS TAMBÉM ENSINAM PARA OS MENINOS E AS MENINAS SOBRE A CULTURA INDÍGENA E O QUE VAMOS FAZER QUANDO FICARMOS ADULTOS.

ATIVIDADES

1. Releia o que cada aluno conta e responda.

   a) Pedro se esforça para aprender bastante? Por quê?

   _____

   b) O que Bakú e Piã-Tatá aprendem na escola indígena? E fora da escola?

   _____
   _____
   _____
   _____

   c) O que Maria faz na escola além de estudar?

   _____
   _____

2. Converse com seus colegas sobre as semelhanças e as diferenças entre as escolas mostradas e a sua.

O QUE APRENDEMOS NA ESCOLA

Você já pensou em quantas coisas aprendeu na escola?

Pode ter aprendido a ler, a escrever, a fazer contas. Também conheceu mais sobre você e os outros, o lugar onde vive e alguns acontecimentos do passado.

No dia a dia, você pode usar o que aprende na escola para ler uma placa na rua, escrever um bilhete ou contar o troco quando compra um lanche, por exemplo.

Você também poderá usar seus conhecimentos para descobrir um segredo! Leia o que Luís escreveu há muitos anos e desvende o segredo dele.

Meu diário
27 de agosto de 1925

Já é de noite. Estou escrevendo para contar um segredo que eu tenho e ninguém sabe!

Há cinco dias eu estava indo para a escola e encontrei o Lino na rua. Ele estava magro e fraco. Por isso, eu levei ele para um terreno perto da padaria.

Todos os dias quando eu chego da escola, faço minha lição e almoço. Depois de almoçar, eu pego um pouco de comida e vou até o terreno. Lá construí uma casinha e coloquei água para ele. Quando estou com meu grande amigo, nós brincamos de corrida e jogamos bola. Ele é peludo, late e tem quatro patas.

Acho que logo vou pedir para meus pais se ele pode morar aqui com a gente.

Agora vou tomar banho e dormir.

ATIVIDADES

1. Quando o texto foi escrito?

   _____

2. Qual o segredo de Luís?

   _____

   _____

   _____

3. O amigo de Luís é um ser humano? Como você descobriu?

   _____

4. Pinte o que você aprendeu na escola e que o ajudou a descobrir o segredo e responder às questões.

   ler   contar   desenhar   escrever   pintar

5. Converse com seus colegas se nos dias de hoje as pessoas têm amigos como o de Luís.

ATIVIDADES DO CAPÍTULO

1. Leia o texto abaixo.

RODÍZIO ESCOLAR

Uma semana de aula, uma semana em casa; uma de aula, uma em casa... Essa é a escola dos seus sonhos? Pois ela existe na vida real: é a Casa Familiar Rural Capanema/Planalto. Na segunda-feira, os alunos entre 12 e 18 anos chegam à escola rural de mala e cuia para permanecer uma semana por lá em regime de internato. Além das aulas tradicionais, eles aprendem técnicas de agricultura, lavam louça e varrem as salas de aula e os alojamentos. Na sexta-feira retornam e ficam uma semana sem ir à escola, só fazendo lições de casa e testando na prática, nas roças de seus pais, o que aprenderam com os professores. A volta às aulas? Dez dias depois, na outra segunda.

O texto **Escolas muito loucas**, de Viviane Palladino, está disponível em: <http://educarparacrescer.abril.com.br/comportamento/escolas-diferentes-425293.shtml>. Acesso em: 2 jan. 2013. (Adaptado).

agricultura: cultivo do solo para plantar vegetais ou criar animais.

alojamento: local onde pessoas vivem por algum tempo.

de mala e cuia: com seus pertences, bagagem.

internato: escola onde os alunos estudam e moram.

roça: pequeno pedaço de terra onde se planta ou cria animais.

Casa Familiar Rural Capanema/Planalto, em Capanema, no Paraná. Foto de 2013.

a) Assinale a alternativa que representa o esquema de aula dos alunos dessa escola apresentada no texto.

	semana em casa	semana em casa	semana na escola
	semana na escola	semana na escola	semana em casa
	semana na escola	semana em casa	semana na escola

b) Como os alunos ajudam a manter a escola limpa e organizada?

_____
_____

c) De acordo com o texto, quando e onde os alunos usam o conhecimento que adquiriram na escola?

_____
_____

2. Imagine que você pode inventar uma escola. Escreva nas linhas abaixo.

   a) Como ela seria?

   b) Haveria alunos e alunas na mesma sala?

   c) Qual seria a rotina na escola? Os alunos entrariam a que horas? Lembre-se de dar um nome para ela.

_____
_____
_____
_____
_____

LEITURA DE IMAGEM

SAÚDE TAMBÉM SE APRENDE NA ESCOLA

Já que estamos falando de escola, nela também podemos aprender como cuidar da saúde. Você sabe por que é importante lavar as mãos? Existe um jeito certo de lavá-las?

OBSERVE

Dia Mundial de Lavar as Mãos, 15 de outubro de 2012. Joanesburgo, África do Sul.

Dia Mundial de Lavar as Mãos, 15 de outubro de 2012. Jacarta, Indonésia.

ANALISE

1. Analise a **imagem 1**.

   a) O que você vê bem na frente da foto?

   b) O que você vê mais ao fundo?

   c) O que você acha que está acontecendo nessa fotografia?

   d) O fotógrafo escolheu deixar as crianças ao fundo e a mão do adulto na frente da foto. Por que você acha que ele fez isso?

RELACIONE

2. O professor vai ler o texto a seguir para você.

   > Lavar as mãos com água e sabão tem de ser um hábito de todas as horas. Antes de comer, depois de ir ao banheiro, depois de brincar e sempre que você se lembrar. Mãos limpas significam muito mais saúde para você.
   >
   > Texto extraído do cartaz **Dia Mundial de Lavar as Mãos**. Programa Saúde na Escola. MEC/MS.

   a) Depois de ouvir esse texto, você acha que a **imagem 2** mostra o jeito certo de lavar as mãos?

   _____

   _____

   b) Como você lava as mãos na escola? Você usa sabão?

   _____

   c) Em que situações você lava suas mãos? Quantas vezes ao dia você faz isso?

   _____

   _____

3. Agora que você já sabe que é importante lavar as mãos e como fazer, junte-se aos colegas e façam cartazes para ensinar isso às outras turmas.

83

CAPÍTULO 3

ESTUDAR NO PASSADO

ESCOLAS DE ANTIGAMENTE

Observe a sua sala de aula. Nela há meninos e meninas? Vocês brincam juntos na hora do recreio?

Há mais de cem anos apenas os meninos podiam frequentar a escola. Quando as meninas começaram a ir para escola também, estudavam separadas dos meninos.

Em muitas escolas, todos estudavam Matemática, Línguas, História, Geografia. Mas havia matérias que só os meninos ou as meninas estudavam. As aulas de Educação Física, por exemplo, eram dadas só para os meninos, pois exigiam força física. Já as meninas tinham aula de costura, bordado, e aprendiam a cozinhar.

Sala de aula de meninos da Escola Caetano de Campos, em São Paulo, em 1910.

A educação era severa. Muitas vezes, os professores castigavam os alunos quando eles não faziam suas tarefas ou desrespeitavam os mais velhos. Em muitas escolas era comum os alunos receberem puxões de orelha ou ficarem de pé no canto da sala. Hoje isso não é mais permitido.

severa: rigorosa.

ATIVIDADES

1. Leia as frases sobre as escolas do passado e do presente. Depois, pinte usando as cores abaixo.

   Escola do presente   Escola do passado

   ☐ Meninos e meninas podem estudar juntos.

   ☐ Professores e professoras podem castigar os alunos.

   ☐ Meninos e meninas aprendem algumas matérias diferentes.

2. Observe o trecho do programa de ensino, leia a legenda e responda.

   > 2.º ANNO — 2.ª SERIE.
   >
   > **Gymnastica e exercicios militares.**
   > **Leitura.** — Continuação do «segundo livro». Observar que o tom da leitura seja o mesmo da conversação. Attenção ás pausas. Ensaio sobre a significação das palavras do livro de leitura.
   > Definição de objectos usuaes. Leitura supplementar. Continuação dos exercicios da 1ª serie sobre sons. Solettração de palavras do livro e palavras communs, escriptas e oralmente.
   > **Exercicios oraes** — Palavras que mostram como se faz a acção. Palavras de localisação. Palavras que dizem a duração do tempo. Palavras usadas em logar dos nomes. Palavras exprimindo quantidade e numeros. Palavras exclamativas e interrogativas. Formar sentenças e pe-

   Arquivo Público do Estado de São Paulo

   Programa de ensino da 2ª série da Escola Modelo, publicado em 1894.

   a) Em que ano ele foi feito?

   _____

   b) Na sua escola você tem alguma matéria parecida? Qual?

   _____

   _____

MATERIAIS ESCOLARES

Imagine se você não usasse livros, cadernos, canetas e lápis para estudar e fazer suas lições? E se você não tivesse revistas nem internet para fazer pesquisas?

Os materiais escolares podem nos ajudar muito no estudo. Podemos, por exemplo, fazer atividades e anotações no caderno e depois ler o que escrevemos para recordar.

Você acha que as crianças no passado também usavam material escolar? Imagina como eles eram?

Observe a imagem e veja alguns materiais escolares comuns no passado.

Os apontadores ficavam presos às mesas. Os alunos deveriam colocar o lápis dentro do apontador e girar a manivela para ele funcionar.

A caneta bico de pena possuía uma ponta que devia ser mergulhada no tinteiro. A tinta que ficava na caneta era usada para escrever.

O caderno de caligrafia é formado por linhas com diferentes tamanhos. Nele os alunos escreviam textos para ficar com a letra bonita. Ainda hoje é muito usado.

O mata-borrão era utilizado para absorver o excesso de tinta das folhas.

O LIVRO DIDÁTICO

Você sabia que seus livros de Língua Portuguesa, de Matemática, de Ciências, de Geografia e este que você está lendo agora se chamam livros didáticos? Os livros didáticos de História começaram a ser usados há mais de cem anos. No passado, grande parte deles continha muitas datas de acontecimentos para os alunos memorizarem e menos fotos e ilustrações.

Página de livro de autoria de Joaquim Manoel de Macedo, publicado em 1907.

ATIVIDADE

- O mata-borrão era um material comum no passado. Veja as imagens que mostram como ele era usado e depois faça o que se pede.

a) Leia as descrições das imagens e numere-as corretamente.

☐ O mata-borrão era colocado em cima do texto escrito e absorvia o excesso de tinta.

☐ A folha não ficava com manchas.

☐ Quando o aluno escrevia com a caneta-tinteiro e usava muita tinta, ela podia escorrer da caneta e manchar a folha.

b) Qual objeto você usa para apagar alguma coisa que você escreveu no papel?

ATIVIDADES DO CAPÍTULO

1. Por que é importante o cuidado com o livro didático? Faça um **X** nas respostas corretas.

   ☐ Outras pessoas podem usá-lo depois de você.

   ☐ Quando não usamos mais, devemos jogá-lo no lixo.

   ☐ Podemos utilizá-lo sempre que precisamos.

2. Leia o que Maria Apparecida Oliveira conta sobre uma aula no ano de 1937.

   > A professora picava os jornais e mandava a gente tirar as letras dele e fazer uma cópia. Eu aprendi a ler e escrever assim. A professora também lia histórias. História antiga, história da "Chapeuzinho Vermelho". Ela lia e depois pedia a cada aluno que se levantasse e contasse a história que ouviu. Depois, ela perguntava: "Vocês são capazes de escrever alguma coisinha?". E a criança ficava fazendo desenhos.
   >
   > O depoimento de Maria Apparecida Guimarães Oliveira está disponível em: <www.crmariocovas.sp.gov.br/pdf/maria_aparecida.pdf>. Acesso em: 1º fev. 2013. (Adaptado).

   a) Como Maria Apparecida Oliveira aprendeu a ler e escrever? E você, aprendeu do mesmo jeito?

   _____

   _____

   _____

   b) Faça igual à professora de Maria Apparecida e conte uma história para um colega. Ele deverá fazer um desenho sobre ela em uma folha à parte. Depois, ele contará uma história para você, que também deverá fazer um desenho.

3. Há quase 3 mil anos, no Egito, apenas algumas poucas crianças sabiam ler e escrever. Elas aprendiam os hieróglifos, símbolos que representam sons. Por exemplo: o hieróglifo representa o som da letra M do nosso alfabeto.

Leia abaixo a descrição dos materiais usados pelas crianças egípcias para escrever. Depois, cole os adesivos no local correto.

- Os egípcios usavam uma planta chamada papiro para fabricar folhas com esse nome, nas quais as crianças escreviam.
- As tintas usadas para escrever ficavam em uma paleta de madeira.

paleta: tábua com buraquinhos em que os pintores colocam e misturam as tintas.

ENTENDER O TEMPO HISTÓRICO

Esta foto foi tirada em 1908, na Escola Normal de São Paulo. Ela está guardada no Arquivo Público do Estado de São Paulo. Nesse local, encontram-se fotos, jornais e outros documentos que podem ser consultados pela população.

1. Leia o texto e observe a fotografia para responder às perguntas.

   a) Em que ano e lugar a fotografia foi feita?

   _____

   _____

   b) Quem aparece na imagem? Há mais adultos ou crianças?

   _____

   _____

   c) O que eles estão fazendo?

   _____

   _____

2. Converse com uma pessoa mais velha sobre como era o dia a dia dela na escola.

a) Faça as perguntas abaixo e acrescente outra que desejar. Anote as respostas.

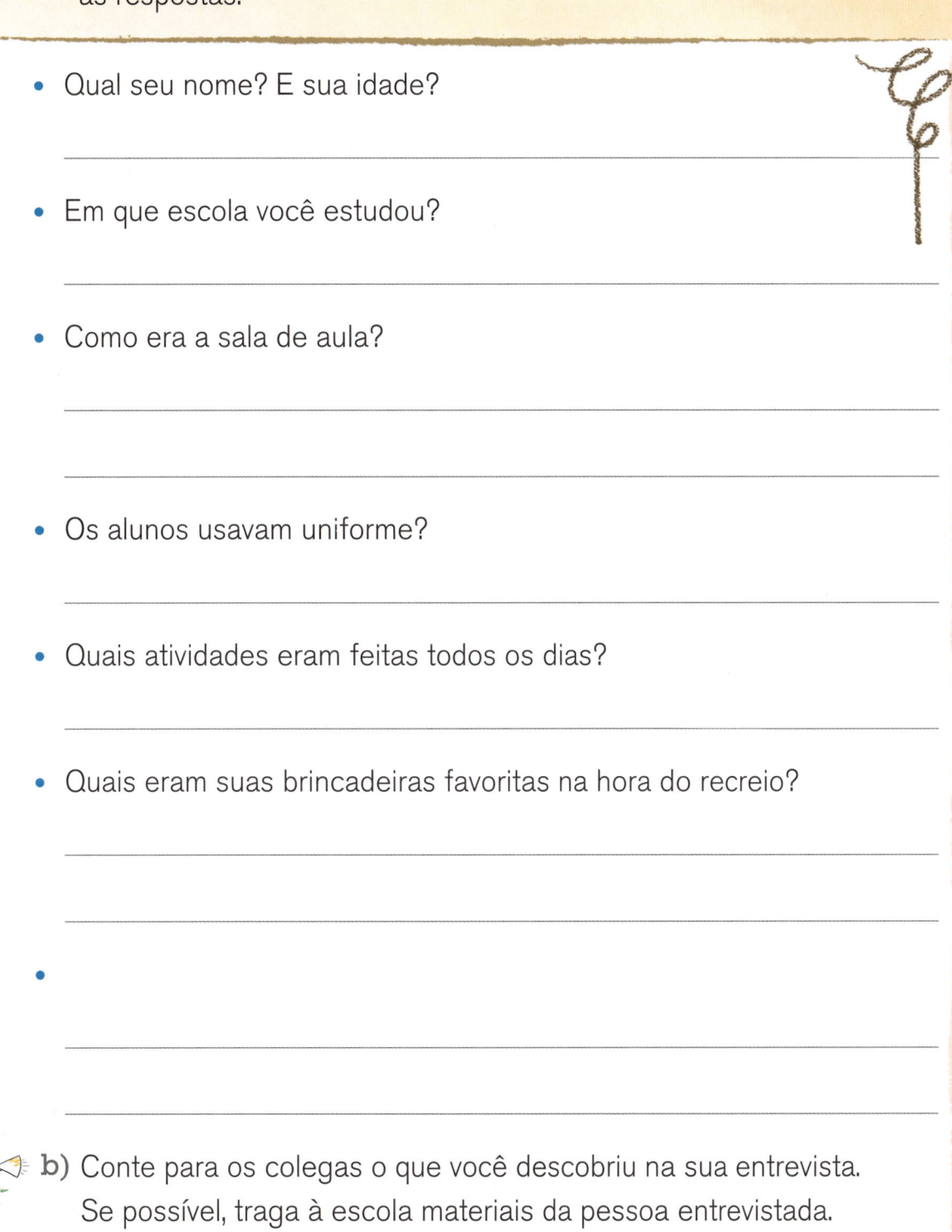

- Qual seu nome? E sua idade?
  _____

- Em que escola você estudou?
  _____

- Como era a sala de aula?
  _____
  _____

- Os alunos usavam uniforme?
  _____

- Quais atividades eram feitas todos os dias?
  _____

- Quais eram suas brincadeiras favoritas na hora do recreio?
  _____
  _____

-
  _____
  _____

b) Conte para os colegas o que você descobriu na sua entrevista. Se possível, traga à escola materiais da pessoa entrevistada. Por exemplo: fotografias, cadernos, livros ou outros objetos daquela época.

LER E ENTENDER

O texto a seguir foi retirado de um livro do Ziraldo. Você conhece esse autor? Ele é o criador do Menino Maluquinho. Você conhece esse personagem?

A história se passa em uma escola. Quais podem ser os personagens desta história?

Quando ela entrou pela primeira vez na nossa sala e falou que ia ser nossa professora naquele ano, todas as meninas quiseram ser lindas como ela e todos os meninos quiseram crescer na mesma hora pra poder casar com ela.

A primeira chamada que ela fez foi assim: mandou cada um de nós escrever o nome de um outro aluno. O nome por inteiro. "Grande vantagem saber escrever seu próprio nome" – ela brincou. Depois embaralhou os nomes de todos nós e mandou que a gente arrumasse tudo direitinho na exata ordem do ABC.

[...]

Nas aulas seguintes ela resolveu dividir a classe em dois times. Nós adoramos! No começo era menina contra menino. Como havia dezessete meninos e dezesseis meninas, ela reforçava o time feminino. Mas, às vezes, o time dela perdia.

Esse texto foi retirado do livro **Uma professora muito maluquinha**, de Ziraldo. São Paulo: Melhoramentos, 2009. p. 22-25.

ANALISE

1. Quem é o personagem principal da história que você leu?

   ☐ o time feminino   ☐ a professora   ☐ o menino

2. Como reagiram as meninas e os meninos ao conhecer a nova professora?

   _____

   _____

3. A pessoa que conta uma história recebe o nome de narrador. Sobre isso, responda:

   a) Quem é o narrador dessa história? _____

   b) Esse narrador:

   ☐ conta a história, sem participar dela.

   ☐ conta a história, mas também participa dela.

RELACIONE

4. Considerando o que estudou nesta unidade, o que as pessoas podem fazer no lugar em que se passa a história?

   _____

5. Você já participou de uma chamada como a da história? E de uma competição entre meninos e meninas? Se sim, conte como foi.

   _____

   _____

6. Na história que você leu, há meninos e meninas estudando na mesma classe. Isso revela que a história se passou em:

   ☐ uma escola de mais de cem anos atrás.   ☐ uma escola atual.

O QUE APRENDI?

Agora é hora de retomar todas as discussões realizadas e organizar o que foi possível aprender com a discussão sobre o que significa viver a vida na escola.

1. Retome as questões que foram apresentadas na abertura desta unidade. Discuta com os colegas e o professor como você as responderia agora.

2. Leia o relato abaixo sobre uma situação vivida na escola:

> Todos os dias, Marco sai da classe junto com seu amigo Danilo, que deixa sempre seus restos de lápis apontados espalhados pelo chão. Quando Marco perguntou ao amigo por que ele fazia isso, em vez de jogar a sujeira no lixo, Danilo respondeu: "porque depois alguém virá limpar a classe mesmo...".

O que você acha da atitude de Danilo? Se você fosse Marco, o que diria ao amigo para que ele pensasse sobre sua atitude?

3. Imagine que você precisa escrever uma carta para os alunos de uma escola indígena contando sobre o que você aprende na sua escola. O que contaria? O que acha que as crianças indígenas achariam interessante saber sobre sua vida escolar?

4. No capítulo 3 você pôde conhecer mais sobre algumas diferenças entre as escolas do passado e as escolas de hoje. Converse com seus colegas e registre no caderno: qual é a importância de conhecer a vida escolar de outras épocas? Conhecer essas outras escolas te ajudou a pensar sobre a sua? Como?

Chegou o momento de pensar em tudo o que você aprendeu nesta unidade. Você vai avaliar o que acha que aprendeu bem, o que ainda tem dúvidas e o que precisa rever. Assinale os quadrinhos abaixo de acordo com o que você pensa. Depois, discuta com seus colegas e seu professor suas respostas, para que vocês possam entender o que cada um precisa melhorar.

Capítulo 1 – A rotina escolar: o que fazemos neste espaço

☐ Compreendi bem   ☐ Tenho dúvidas   ☐ Preciso retomar

Capítulo 2 – A função de estar na escola: o que aprendemos neste espaço

☐ Compreendi bem   ☐ Tenho dúvidas   ☐ Preciso retomar

Capítulo 3 – Os hábitos escolares em diferentes épocas históricas

☐ Compreendi bem   ☐ Tenho dúvidas   ☐ Preciso retomar

UNIDADE 4
MORAR EM UM BAIRRO

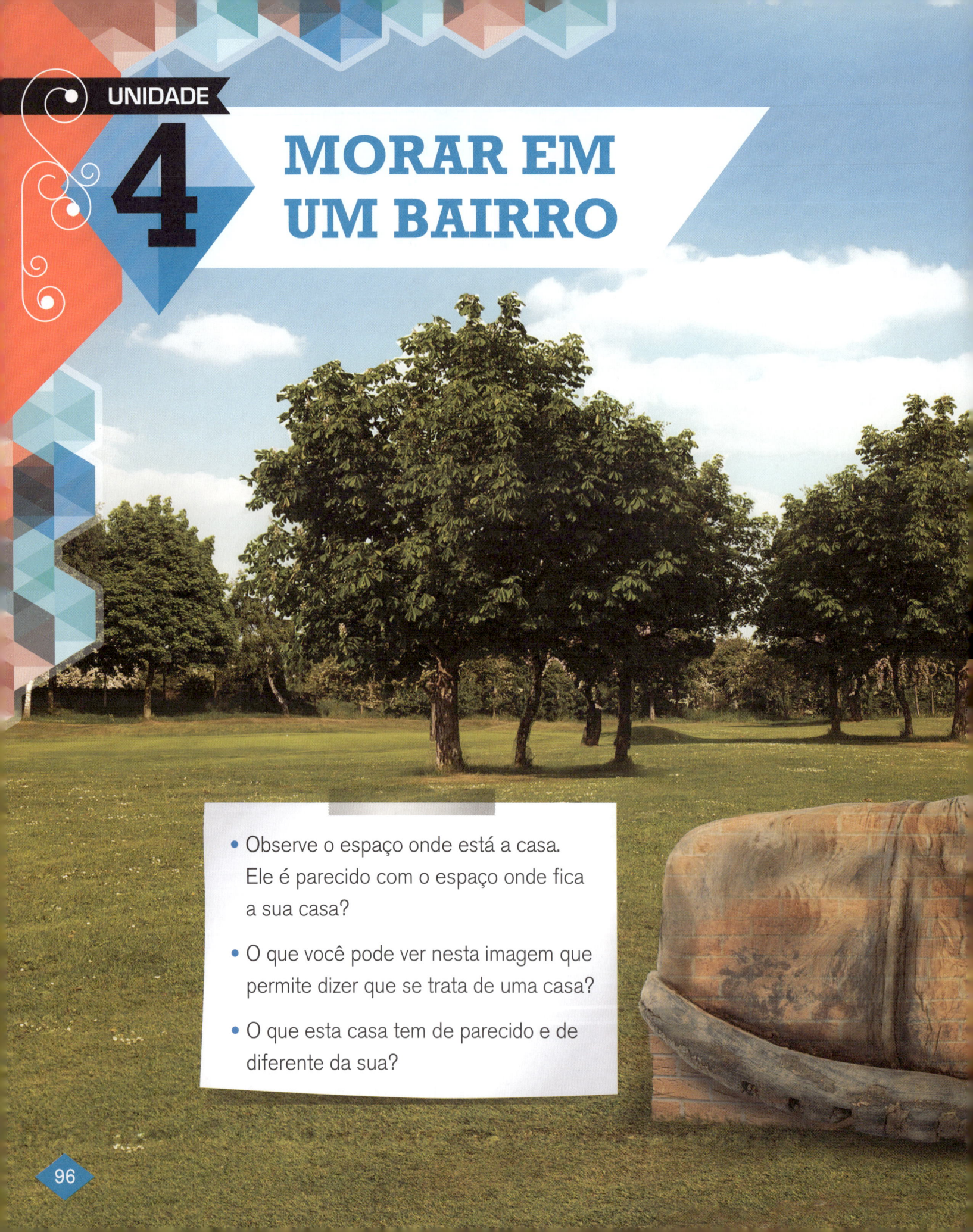

- Observe o espaço onde está a casa. Ele é parecido com o espaço onde fica a sua casa?

- O que você pode ver nesta imagem que permite dizer que se trata de uma casa?

- O que esta casa tem de parecido e de diferente da sua?

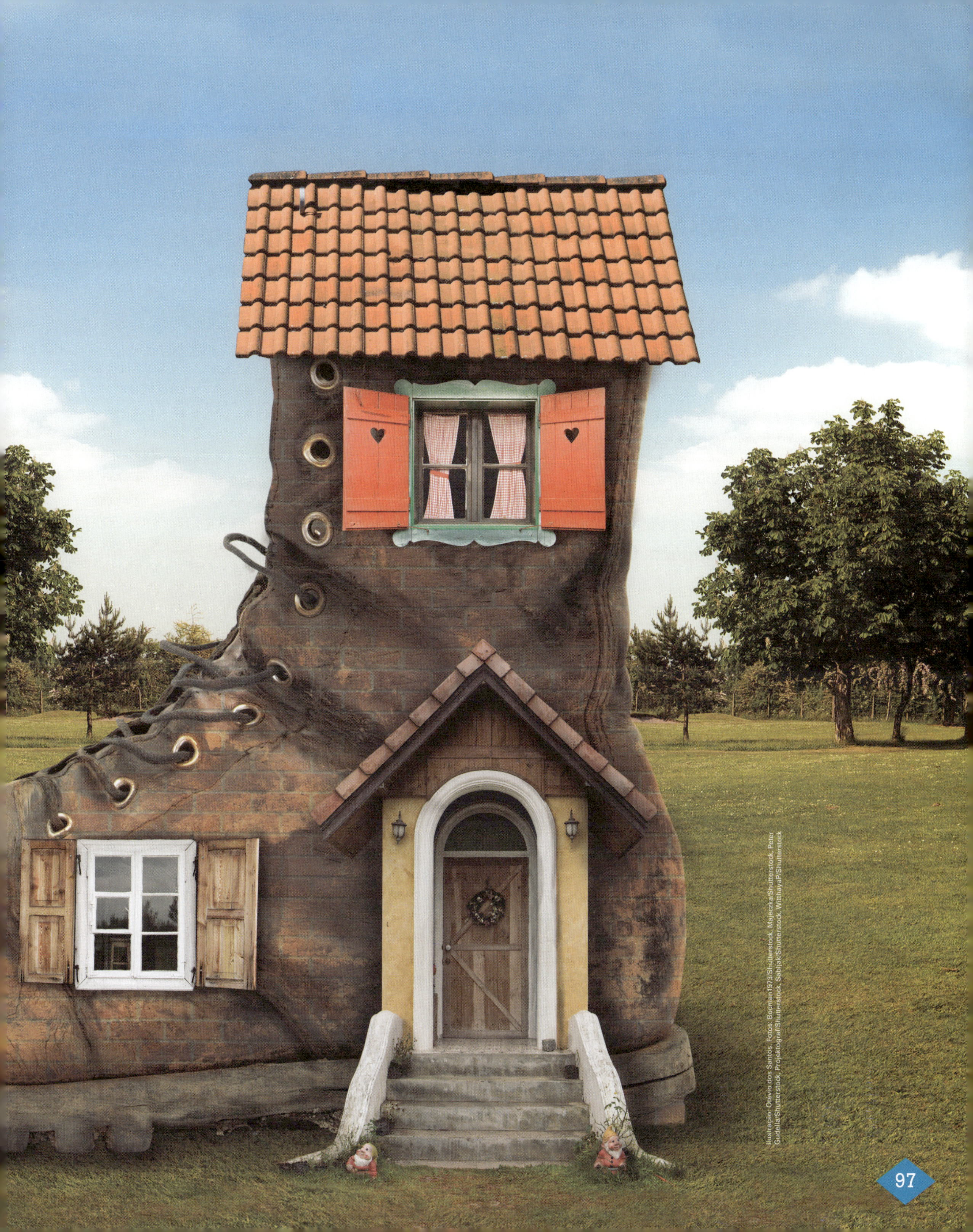

CAPÍTULO 1

O LUGAR ONDE MORAMOS

MINHA CASA

O que é uma casa? Será que o formato dela importa?

Leia o poema e conheça uma casa muito engraçada.

A casa

Era uma casa
Muito engraçada
Não tinha teto
Não tinha nada
Ninguém podia
Entrar nela, não
Porque na casa
Não tinha chão
Ninguém podia
Dormir na rede
Porque na casa
Não tinha parede
Ninguém podia
Fazer pipi
Porque penico
Não tinha ali
Mas era feita
Com muito esmero
Na rua dos bobos
Número zero.

Vinicius de Moraes

esmero: capricho.

ATIVIDADES

1. O poema descreve uma casa muito engraçada. Leia-o novamente e pense como é a sua casa.

   a) Ela tem teto? E para que ele serve?

   _____
   _____

   b) O que mais ela tem que é importante para você e sua família? Explique por quê.

   _____
   _____

   c) Você gostaria de morar na casa descrita no poema? Ela tem alguns problemas, mas tem uma vantagem. Adivinhe qual é?

   _____

2. Na sua casa, onde você:

   a) faz as refeições?

   _____

   b) brinca?

   _____

   c) toma banho?

   _____

   d) dorme?

   _____

3. Você tem um lugar preferido na sua casa? Qual é ele? Escreva o nome dele na linha abaixo e depois desenhe-o no caderno.

   Meu lugar preferido é: _____

DIFERENTES TIPOS DE CASA

As pessoas precisam de um lugar para morar, no qual possam se proteger, se alimentar, descansar. Esse lugar é a casa.

Nela, os moradores também podem conviver com os membros da família, parentes, amigos e pessoas que moram próximo, os vizinhos.

Existem diversos tipos de casa, e elas podem ser construídas com diferentes materiais, por exemplo: madeira, pedra, barro ou tijolos. Veja mais algumas casas.

Palafitas são casas de madeira apoiadas em estacas enterradas no fundo dos rios. Elas são construídas nas margens dos rios ou em outros locais que alagam. Foto em Santos (SP), em 2011.

Casas feitas de barro socado em Carrasco Bonito, no estado do Tocantins. Essas construções foram comuns no Brasil no passado e ainda existem atualmente. Foto de 2010.

Em todo o mundo, mesmo nas cidades mais ricas, há pessoas que não têm uma casa para morar. Elas são obrigadas a viver nas ruas ou em abrigos.

Morador de rua na cidade de Barcelona, na Espanha. Foto de 2012.

ATIVIDADE

- Agora você vai construir uma casa. Escolha no **Material complementar** que tipo de casa você quer construir. Cole os adesivos do teto, da porta e da janela. Depois, pinte a parede.

a) Que tipo de casa você construiu?
   _____
   _____

b) Qual é o nome da rua onde a casa está?
   _____

c) Quem mora nessa casa?
   _____
   _____

101

ATIVIDADES DO CAPÍTULO

1. Marque com **X** as tarefas que você pode realizar para colaborar na organização e limpeza do lugar onde mora.

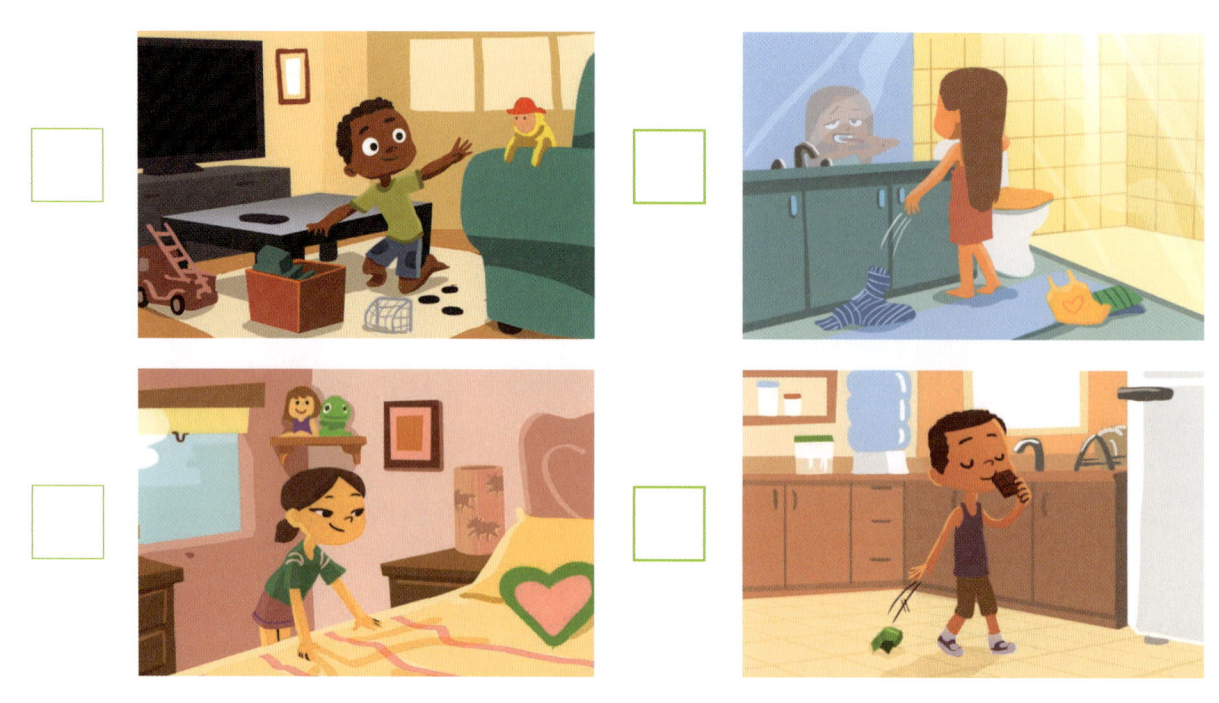

2. Você e sua casa têm uma história. Responda às perguntas para conhecer mais sobre ela.

   a) Há quantos anos você mora nessa casa?
   _____

   b) Lembra de alguma outra casa onde tenha morado? Do que você se lembra?
   _____
   _____

   c) O que você mais gosta de fazer quando chega em casa?
   _____
   _____
   _____

3. Quais tipos de moradia são mostrados nas imagens? Faça um **X** na resposta correta.

a)

☐ Sobrado construído com pedras.

☐ Casa térrea construída com pedras.

b)

☐ Palafita construída com madeira.

☐ Sobrado construído com tijolos.

4. Observe a sua casa, converse com um adulto da sua família e responda:

a) Quantos anos tem a sua casa?

_____

b) Ela tem um ou mais andares?

_____

c) De qual material é feita?

_____

_____

CAPÍTULO 2

AS RUAS E OS BAIRROS

O QUE HÁ NAS RUAS?

O que está representado nesta cena? O que está acontecendo neste lugar?

A imagem mostra a rua Pérola. Nela podemos ver pessoas caminhando, carros passando, um supermercado e algumas casas.

Observe a sua rua e veja o que existe nela além da sua casa. Por exemplo: diferentes construções (casas, farmácias, padarias, etc.), pessoas caminhando, carros, ônibus, bicicletas e outros veículos indo e vindo.

Você já observou que as ruas têm nome e as casas e construções têm números? Isso serve para diferenciá-las e localizá-las.

Algumas ruas têm nomes de pessoas (Renata; Ramos), animais (Sabiá; Peixes), festas (Natal), profissões (Engenheiros; Escritores), lugares (Estados Unidos; Japão). No Brasil muitas ruas possuem nomes indígenas, como Tupi e Tamoio.

A maioria dos nomes de rua vem do passado. Por exemplo, a rua dos Estudantes, em São Paulo, recebeu esse nome porque havia muitas moradias para estudantes naquela região.

O nome da rua e o número da construção constituem seu endereço. Além disso, existe o Código de Endereçamento Postal (CEP). Ele é um número que divide os lugares e as ruas em grupos, o que ajuda a encontrar um endereço.

Esta placa indica o nome de uma rua na cidade de Osasco, em São Paulo. Contém ainda o CEP e o nome do bairro (Jardim Bussocaba).

ATIVIDADES

1. Leia o endereço no pacote e circule a casa onde ele deve ser entregue.

MARIA LUISA NEVES
RUA DOS POMBOS, NÚMERO 12
VILA DOS PÁSSAROS – CEP 02950-091
MANAUS-AM

2. Conte para os colegas o que você descobriu ao observar a sua rua.

OS BAIRROS

As casas e outras construções estão localizadas em ruas, e o conjunto de ruas forma um bairro.

Cada bairro tem suas características. Observe as fotos abaixo e responda: o que há de semelhante e de diferente entre esses bairros?

Bairro residencial no centro de Rio Branco, no Acre. Foto de 2012.

Bairro comercial em Marabá, no Pará. Foto de 2011.

O bairro em que existem muitas residências, como casas e apartamentos, é chamado de bairro **residencial**. O bairro é chamado de **comercial** quando nele existe muito comércio, ou seja, muitas lojas.

Existem locais nos bairros – ruas, praças, bibliotecas, museus e escolas – que são públicos, ou seja, pertencem a todos e devem ser preservados. As prefeituras são responsáveis por cuidar dos lugares públicos, mas as pessoas também precisam ajudar mantendo-os limpos.

Muitas construções são importantes para que possamos conhecer mais sobre como era a vida no passado. Elas são consideradas **patrimônios históricos** e devem ser preservadas para que outras pessoas também possam conhecê-las no futuro.

Bairro do Pelourinho, em Salvador, na Bahia. Ele é considerado um dos patrimônios históricos da humanidade. Foto de 2012.

ATIVIDADE

- A imagem mostra um orelhão numa rua de São Paulo.

    a) Você acha que o orelhão foi preservado?

    _____
    _____
    _____

    b) As pessoas conseguem usar esse orelhão? Por quê?

    _____
    _____

São Paulo. Foto de 2008.

ATIVIDADES DO CAPÍTULO

1. Vamos conhecer mais sobre sua rua e seu bairro.

   a) Responda às perguntas.

   Qual o nome da sua rua?

   _____

   Qual o nome do seu bairro?

   _____

   b) Faça um **X** no que há em seu bairro.

   ☐ casas   ☐ escola   ☐ rio

   ☐ farmácia   ☐ biblioteca   ☐ hospital

   ☐ mercado   ☐ museu   ☐ praça

2. Observe a imagem e faça um **X** somente nos quadros do que é público.

3. Leia o texto abaixo.

A rua de Marcelo

O nome da rua mais o número das casas se chama endereço. O endereço é importante para as pessoas encontrarem a gente e também a gente receber cartas, jornais e até uma *pizza* de vez em quando. [...] As luzes da minha rua ficam nuns postes altos ligados por muitos fios. Os fios estão sempre cheios de fiapos, que são restos de papagaios.

[...] Na minha rua tem a minha casa.

Esse texto faz parte do livro **A rua de Marcelo**, de Ruth Rocha.
São Paulo: Salamandra, 2001.

- Por que o endereço é importante? Encontre a resposta no texto e grife de vermelho.

4. Pesquise em jornais, revistas ou na internet imagens de algum problema que exista na sua rua ou no seu bairro. Depois, cole o resultado da sua pesquisa ao lado e responda.

   a) Qual problema você apresentou?
   _____

   b) Por que ele prejudica as pessoas?
   _____
   _____

   c) Converse com seus colegas sobre o que poderia ser feito para solucioná-lo.

O QUE É PATRIMÔNIO HISTÓRICO?

O que você faz para cuidar daquilo que é muito importante?

Há muitas construções, paisagens, festas, receitas e brincadeiras que ajudam a preservar a nossa história.

Quando observamos uma casa antiga podemos saber mais sobre como eram os lugares no passado, as construções, os materiais usados, por exemplo. Isso permite entender a vida em um tempo em que nem éramos nascidos.

Os costumes também são importantes. Alguns pratos que consumimos atualmente foram criados há muito tempo. Por causa deles é possível saber como os alimentos eram preparados antigamente.

Por esse motivo alguns lugares e costumes são considerados **patrimônio histórico** pelo governo. Isso quer dizer que eles são fontes de informações preciosas e devem ser preservados por todos. Conheça alguns exemplos nesta página e na seguinte.

Os **bonecos de cerâmica do povo Karajá** são produzidos nos estados de Goiás e Tocantins. Eles são feitos com argila, cinzas e água. O modo de feitio é transmitido de geração em geração e é considerado patrimônio do Brasil.

A **casa de Garibaldi** fica em Piratini, no Rio Grande do Sul, e tem quase duzentos anos. Nela viveu Giuseppe Garibaldi, um italiano muito famoso que morou no Brasil entre 1835 e 1841, onde se casou com a brasileira Ana Maria de Jesus, conhecida como Anita Garibaldi. A casa ainda possui muitas características do passado.

O acarajé é um alimento muito conhecido na Bahia. Ele costuma ser encontrado nas ruas de Salvador, onde as vendedoras vestem roupas típicas e armazenam o alimento em uma pequena mesa conhecida como tabuleiro. O modo como ele é preparado e vendido é conhecido por **ofício das baianas do acarajé**.

O **Centro histórico de Antonina**, no Paraná, possui construções com mais de duzentos anos de existência. A foto mostra a rua Vale do Porto e, ao fundo, a Paróquia de Nossa Senhora do Pilar, construída em 1715.

CAPÍTULO 3

CASAS E BAIRROS DO PASSADO

AS CASAS DE ANTIGAMENTE

No Brasil, há quase duzentos anos, as casas eram diferentes das que vemos nos dias atuais. Como seriam os móveis? Será que os cômodos eram distribuídos da mesma maneira que hoje? Havia eletricidade, TV, internet?

Observe as semelhanças e diferenças entre as imagens. Veja onde as pessoas estão, o que fazem, como são os cômodos e os objetos da casa.

Fiel retrato do interior de uma casa brasileira, de Joaquim Cândido Guillobel, 1814.

Foto de uma casa na cidade de São Paulo, em 2008.

ATIVIDADES

Observe as imagens da página anterior para fazer as atividades.

1. Corrija e reescreva as frases.

    a) As imagens apresentam a cozinha de duas casas.

    _____

    _____

    b) As imagens mostram o interior de uma casa em 1814 e outra no passado.

    _____

    _____

2. O quarto desta foto foi construído há cem anos. Observe a imagem e diga quais foram os três objetos que mais chamaram sua atenção.

    Quarto de uma das primeiras casas de Canela, no Rio Grande do Sul, construída entre 1913 e 1915. Foto de 2010.

OS BAIRROS MUDAM

Com o passar do tempo, os bairros sofrem modificações. Novas casas, escolas, lojas são construídas e outras derrubadas; ruas e calçadas são modificadas. Novos moradores chegam e outros se mudam.

Essas modificações fazem parte da história do bairro. Podemos conhecer essa história quando observamos uma foto, conversamos com os antigos moradores e andamos pelas ruas do bairro.

Leia o que Paulinho descobriu quando passeou pelo bairro da Sé, na cidade de São Paulo.

> Paulinho viu um predinho antigo, todo branco, com janelas azuis. Ele não pensou duas vezes e correu até lá, onde enxergou uma grande placa que dizia: "Pátio do Colégio – Aqui foi fundada a cidade de São Paulo, em 25 de janeiro de 1554". O garoto entrou no prédio e começou a observar cada detalhe. [...]
>
> O Colégio era todo feito de taipa. Paulinho ainda não sabia o que era taipa, mas aprendeu algumas coisas novas no local, entre elas que taipa é um tipo de parede feita de barro e madeira e que todos os prédios antigos de São Paulo eram construídos assim. Ele percebeu também que o Colégio atualmente é um museu que retrata a fundação da cidade de São Paulo.
>
> "Nossa, faz tanto tempo!", pensou o menino, fazendo as contas na cabeça.
>
> **As descobertas de Paulinho na metrópole**, de Marina Franco. São Paulo: DCL, 2004. p. 8 e 9.

Pátio do Colégio, no centro da cidade de São Paulo. Foto de 2012.

ATIVIDADES

1. Observe as imagens do Viaduto do Chá na cidade de São Paulo, em 1892 e em 2012, e escreva abaixo três modificações que ocorreram no local.

Vista do Viaduto do Chá em São Paulo, em 1892.

Vista do mesmo viaduto, em 2012.

a) _____

b) _____

c) _____

2. Você conhece a história do seu bairro? Converse com uma pessoa mais velha e peça a ela que lhe conte sobre algumas mudanças ocorridas. Use os itens abaixo como roteiro e escreva as respostas em seu caderno.

- Nome do entrevistado
- Idade
- Nome do bairro
- Principais mudanças no bairro

ATIVIDADES DO CAPÍTULO

1. Observe a imagem abaixo e faça um **X** na resposta correta.

   a) O que foi representado?

   ☐ Uma casa e a rua onde ela se localiza.

   ☐ Uma escola indígena.

   b) O que podemos observar para descobrir que a cena ocorreu em um bairro do passado?

   ☐ As construções, a rua e as vestimentas das pessoas.

   ☐ As memórias de algumas pessoas.

2. Circule o que não existia no passado.

3. Quais as semelhanças entre as casas dessa imagem e a sua? E as diferenças?

_____
_____
_____
_____

LEITURA DE IMAGEM

VIVER E CONVIVER NA CIDADE

As cidades, sejam elas grandes ou pequenas, são espaços de convivência em que muitas pessoas dividem uma mesma rua ou um mesmo bairro, utilizam os mesmos transportes, usam as mesmas calçadas e outros espaços públicos. Por isso, é importante saber usá-los, conservá-los e respeitar o direito de outras pessoas de desfrutarem deles também.

OBSERVE

Esquina da avenida Rio Branco com a avenida Ipiranga em São Paulo. Foto de 2011.

Beco da Vila Madalena, em São Paulo. Foto de 2008.

ANALISE

1. Analise a **imagem 1**.

   a) O que ela mostra?

   b) Qual é o espaço coletivo mostrado na imagem?

   c) O que indicam as listras na rua onde está o carro?

   d) Em sua opinião, este espaço está sendo usado de forma respeitosa por todos os usuários? Por quê?

   e) Uma usuária desse espaço demonstra não gostar da atitude de outro usuário. Identifique-a na foto e justifique sua resposta.

2. Agora, observe a **imagem 2**.

   a) O que você vê?

   b) Na **imagem 2** vemos uma ação de valorização do espaço público: o grafite. Além disso, ela mostra uma ação de desvalorização desse espaço. Que ação é essa? _____

   c) Observe as cores e as ilustrações. Em sua opinião, o que o autor da arte quis passar ao usar estas cores?

   _____

3. Compare as duas fotografias. Qual delas foi tirada de cima para baixo? Como é possível saber? _____

   _____

RELACIONE

4. Depois de analisadas as imagens, converse com seus colegas sobre as atitudes observadas e crie um *slogan* para evitar cada um dos comportamentos que você reprova.

ENTENDER O TEMPO HISTÓRICO

Você se lembra de alguma coisa que aconteceu na sua vida? Certamente sim. É comum as pessoas terem **memórias** sobre fatos que aconteceram.

As pessoas mais velhas têm muitas memórias porque viveram mais tempo. Elas podem lembrar-se dos acontecimentos e lugares dos dias atuais e do passado.

Quando alguém conta suas memórias, está fazendo um **relato** sobre elas.

Os relatos também são importantes para conhecer a história de um lugar. Vamos conhecer mais sobre como era o bairro da Mooca antigamente por meio de um relato? Leia-o a seguir.

A Mooca da minha infância

Passei minha infância na Mooca, perto da rua dos Campineiros, onde havia um pasto perto de uma chácara que era por nós conhecido como "campo dos bois". Se não me falha a memória, ficava na rua Itaqueri. No "campo dos bois" a garotada se reunia para jogar futebol, empinar "quadrado", também conhecido como "papagaio", e outras tantas brincadeiras da infância.

Na rua da Mooca, perto de onde eu morava, algumas vezes "aparecia" um parquinho de diversões com roda-gigante, carrossel, tiro ao alvo, algodão-doce, etc. Era a festa da criançada, pois o parquinho significava mais um lugar para se divertir.

Algum tempo depois, acho que no mesmo terreno onde eram montados os parquinhos foi construído um cinema que viria dar vida nova e movimento àquela parte da Mooca: o "Cine Imperial".

Em quantas matinês de domingo "viajei" na sela de um cavalo ao lado do "mocinho", combatendo os "bandidos", ou dependurado num cipó ao lado de Tarzan e Chita, voando de galho em galho.

O texto **A Mooca da minha infância**, de Alfredo Winkler, está disponível em: <www.portaldamooca.com.br/eu_me_lembro/lembro93a.htm>. Acesso em: 4 fev. 2013. (Adaptado).

matinê: sessão de cinema durante o dia, principalmente à tarde.

ATIVIDADES

1. O que podemos conhecer quando lemos esse depoimento?

   _____

   _____

2. Quem é o autor desse relato?

   _____

3. O que significa o senhor Alfredo dizer no depoimento: "Se não me falha a memória, ficava na rua Itaqueri"?

   ☐ Ele tem certeza do que se lembrou e do nome da rua.

   ☐ Ele se lembra daquele acontecimento, mas não tem certeza do lugar em que ocorreu.

4. Houve um acontecimento que modificou a rotina das crianças do bairro, a construção do cinema. Antes disso, o que havia lá? Escreva no quadro abaixo.

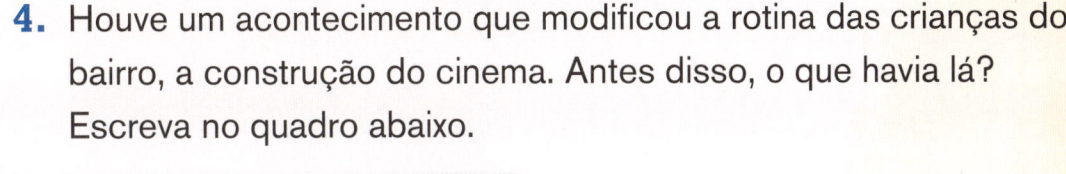

Cena no bairro da Mooca, em São Paulo, no ano de 1958.

LER E ENTENDER

O seu professor vai ler um poema do autor francês Raymond Queneau. Esse poema foi traduzido para a língua portuguesa por José Paulo Paes, poeta brasileiro que escreveu vários livros para crianças.

Lendo o título desse poema, diga o que você imagina sobre ele. Que imagem lhe vem à mente? Troque suas impressões com seus colegas.

É preciso fazer sinal ao motorista

A senhora esperava o ônibus.

O senhor esperava o ônibus.

Passa um cachorro preto que manca.

A senhora fica olhando o cachorro.

O senhor fica olhando o cachorro.

Nesse meio tempo o ônibus passou.

Raymond Queneau

Esse texto foi retirado do livro **Ri melhor quem ri primeiro**, de José Paulo Paes. São Paulo: Companhia das Letrinhas, 1998. p. 46.

ANALISE

1. Em que esse poema se parece com a letra da canção **Vovô**, que você viu na unidade 2 deste livro?

☐ Foram escritos em versos.

☐ Possuem rimas, ou seja, palavras que têm um som parecido no final.

2. Os personagens perderam o ônibus porque estavam:

☐ distraídos ☐ tristes ☐ atentos

- Justifique a sua resposta.

_____
_____

3. Em sua opinião, por que o poema se chama "É preciso fazer o sinal ao motorista"?

_____
_____

RELACIONE

4. O poema diz que a senhora e o senhor esperavam o ônibus. Onde eles estavam?

_____
_____

5. No poema, o senhor e a senhora observam um "cachorro preto que manca". Em sua opinião, esse cachorro tem dono ou estava abandonado? Por quê?

_____
_____
_____

6. Esta história poderia acontecer nos dias atuais ou apenas no passado? Explique.

_____
_____

O QUE APRENDI?

Agora é hora de retomar todas as discussões realizadas e organizar o que foi possível aprender com a discussão sobre como é o seu bairro.

1. Retome as questões que foram apresentadas na abertura desta unidade. Discuta com os colegas e o professor como você as responderia agora.

2. Se você tivesse que contar para uma criança que mora em uma casa de palafita o que a sua casa tem de parecido e o que tem de diferente em relação à dela, o que você diria?

3. Como é o seu bairro? Ele é comercial ou residencial? Por quê?

4. No capítulo 3, vimos que existe algo muito importante chamado memória, que é a lembrança dos fatos que já aconteceram. Qual é a memória que você tem da sua casa? E do seu bairro?

Chegou o momento de pensar em tudo o que você aprendeu nesta unidade. Você vai avaliar o que acha que aprendeu bem, o que ainda tem dúvidas e o que precisa rever. Assinale os quadrinhos abaixo de acordo com o que você pensa. Depois, discuta com seus colegas e seu professor suas respostas, para que vocês possam entender o que cada um precisa melhorar.

Capítulo 1 – A organização de uma casa: os espaços e os materiais que a compõem

☐ Compreendi bem

☐ Tenho dúvidas

☐ Preciso retomar

Capítulo 2 – A formação de um bairro e suas características

☐ Compreendi bem

☐ Tenho dúvidas

☐ Preciso retomar

Capítulo 3 – Os efeitos da passagem do tempo nos bairros das cidades

☐ Compreendi bem

☐ Tenho dúvidas

☐ Preciso retomar

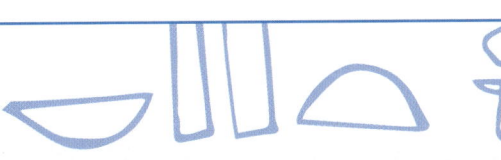

PARA SABER MAIS

LIVROS

O livro dos jogos, brincadeiras e bagunças do Menino Maluquinho, de Gustavo Luiz e Ziraldo. São Paulo: Melhoramentos.

Neste livro o Menino Maluquinho apresenta as canções de roda, as brincadeiras de rua e os jogos que divertiam as crianças através do tempo.

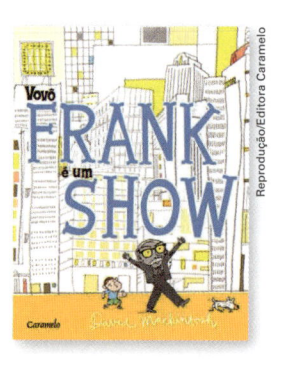

Vovô Frank é um *show*, de David Mackintosh. São Paulo: Caramelo.

Este livro conta a história de um garoto que tem vergonha de levar seu avô Frank para apresentar na escola, pois ele é meio rabugento e parece gostar apenas das coisas antigas. Mas, na escola, todos se surpreendem com o avô, que tem histórias muito legais!

Molecagens do vovô, de Márcio Trigo. São Paulo: Ática.

Este livro traz a história de um avô e seu neto, que são apaixonados pela vida e pelas brincadeiras de criança. O problema é que o restante da família não aceita o comportamento do vovô, já que é ele quem apronta mais.

Meus dois pais, de Walcyr Carrasco. São Paulo: Ática.

Este livro conta a história de Naldo. Após o divórcio de seus pais, Naldo vai morar com o pai e com Celso, que divide o apartamento com ele. O livro mostra como Naldo descobre que não existe um modelo único de família.

A escola do Marcelo, de Ruth Rocha. São Paulo: Salamandra.

Neste livro você vai acompanhar Marcelo em sua escola e conhecerá sua família, amigos e colegas de sala num dia repleto de atividades.

A escolinha de Serafina, de Cristina Porto. São Paulo: Ática.

Além de ensinar adultos a ler e a escrever, a menina Serafina também resolve dar aulas de reforço escolar para as crianças do bairro onde mora.

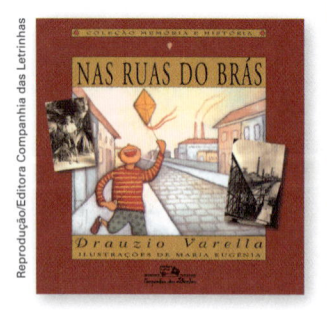

Nas ruas do Brás, de Drauzio Varella. São Paulo: Companhia das Letrinhas.

Drauzio Varella conta sobre as brincadeiras que costumava fazer na sua infância e várias histórias vividas por ele nas ruas do bairro do Brás, em São Paulo.

"Essa rua é nossa!" Aprendendo a conviver no espaço público, de Beatriz Meirelles. São Paulo: Scipione.

Este livro trata da cidadania, incentiva a reflexão sobre comportamento no espaço público e estimula a melhorar nossa vida em sociedade.

SITES

Museu da Escola Catarinense

Este museu possui um acervo repleto de objetos e registros sobre a história da Escola Catarinense.

Museu dos Brinquedos

Este museu preserva brinquedos antigos que fizeram parte da infância de crianças. O *site* do museu conta a história dos brinquedos e brincadeiras e ainda ensina a construir alguns deles.

Museu Casa de Cora Coralina

<www.museuvirtual.ufsj.edu.br/cora_br/>

Neste *site* você poderá realizar uma visita virtual aos interiores e arredores do Museu Casa de Cora Coralina.

Museu da Cidade

<www.sc.df.gov.br/nossa-cultura/museus/museu-da-cidade.html>

É o museu mais antigo de Brasília, seu acervo preserva trabalhos sobre a história da construção da cidade.

CD e DVD

Grupo de Percussão da Universidade Federal de Minas Gerais e Coral Infantil da Fundação Clóvis Salgado. **Villa-Lobos e os brinquedos de roda**. (CD) MCD, 2004.

Neste CD há canções infantis arranjadas por Villa-Lobos, na década de 1930, executadas por crianças e adolescentes.

Pato Fu. **Música de brinquedo ao vivo**. (DVD). Rotomusic, 2011.

DVD de canções tocadas pelo grupo Pato Fu com instrumentos musicais de brinquedo.

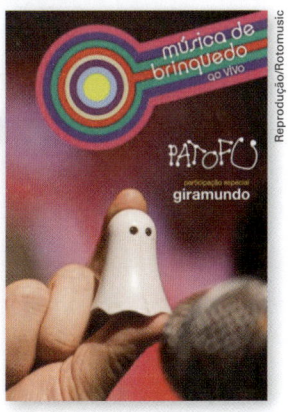

BIBLIOGRAFIA

ALMEIDA, José Luís V.; ARNONI, Maria Eliza B.; OLIVEIRA, Edilson M. de. *Mediação dialética na educação escolar:* teoria e prática. São Paulo: Edições Loyola, 2007.

BARTON, Keith. Qual a utilidade da História para as crianças? Contributos do Ensino de História para a Cidadania. In: BARCA, Isabel (Org.). *Para uma educação histórica de qualidade.* Actas da IV Jornada Internacional de Educação Histórica. Minho: Centro de Investigação em Educação (Cied)/Instituto de Educação em Psicologia. 2004.

BITTENCOURT, Circe. *Ensino de História:* fundamentos e métodos. São Paulo: Cortez, 2009.

_____. *O saber histórico na sala de aula.* São Paulo: Contexto, 1998.

BLOCH, Marc. *Apologia da História ou O ofício de historiador.* Rio de Janeiro: Jorge Zahar, 2002.

BRASIL. Ministério da Educação. Secretaria de Educação Fundamental. *Parâmetros Curriculares Nacionais:* apresentação dos temas transversais, ética. Brasília: MEC/SEF, 1997.

_____. Ministério da Educação. Secretaria de Educação Fundamental. *Parâmetros Curriculares Nacionais:* História, Geografia. Brasília: MEC/SEF, 1997.

_____. Ministério da Educação. Secretaria de Educação Fundamental. *Parâmetros Curriculares Nacionais:* meio ambiente, saúde. Brasília: MEC/SEF, 1997.

_____. Ministério da Educação. Secretaria de Educação Fundamental. *Parâmetros Curriculares Nacionais:* pluralidade cultural, orientação sexual. Brasília: MEC/SEF, 1997.

BURKE, Peter (Org.). *A escrita da História:* novas perspectivas. São Paulo: Ed. da Unesp, 1992.

CARDOSO, Ciro Flamarion; VAINFAS, Ronaldo (Org.). *Domínios da História:* ensaios de teoria e metodologia. Rio de Janeiro: Campus/Elsevier, 1997.

CERTEAU, Michel. *A escrita da História.* Rio de Janeiro: Forense-Universitária, 1982.

COLL, César; TEBEROSKY, Ana. *Aprendendo História e Geografia:* conteúdos essenciais para o Ensino Fundamental de 1ª a 4ª série. São Paulo: Ática, 2000.

DEL PRIORE, Mary (Org.). *História das crianças no Brasil.* 7. ed. São Paulo: Contexto, 2010.

GOULART, I. B. *Piaget:* experiências básicas para utilização pelo professor. Petrópolis: Vozes, 2003.

GRUPIONI, Luís Donisete. *Índios no Brasil.* São Paulo: Global, 2005.

HOBSBAWM, Eric. *Sobre História.* São Paulo: Companhia das Letras, 1998.

HOLANDA, Sérgio Buarque. *Raízes do Brasil.* 26. ed. São Paulo: Companhia das Letras, 2012.

KARNAL, Leandro (Org.). *História na sala de aula.* São Paulo: Contexto, 2003.

PINSKY, Jaime. *O ensino de História e a criação do fato.* São Paulo: Contexto, 2002.

ROCHA, Rosa Margarida de Carvalho. *Almanaque pedagógico afro-brasileiro.* Belo Horizonte: Mazza, 2006.

SCATAMACHIA, Maria C. M. *O encontro entre culturas.* São Paulo: Atual, 2008.

SIMAN, Lana Mara de Castro. A temporalidade histórica como categoria central do pensamento histórico: desafios para o ensino e a aprendizagem. In: ROSSI, Vera Lúcia Sabongi de; ZAMBONI, Ernesta (Org.). *Quanto tempo o tempo tem!* Campinas: Alínea, 2003.

VAINFAS, R. História das mentalidades e História cultural. In: CARDOSO, C. F; VAINFAS, R. (Org.). *Domínios da História:* ensaios de teoria e metodologia. Rio de Janeiro: Campus, 1997.

VYGOTSKY, Lev S. *A formação social da mente.* São Paulo: Martins Fontes, 1984.

_____. *Pensamentos e linguagem.* São Paulo: Martins Fontes, 2003.

PRISMA DE BASE TRIANGULAR

ATIVIDADE DA PÁGINA 12 DO LIVRO

Você vai precisar de: cola e lápis de cor.

Como montar: destaque a figura e cole as laterais de acordo com a indicação.

---------- DOBRE

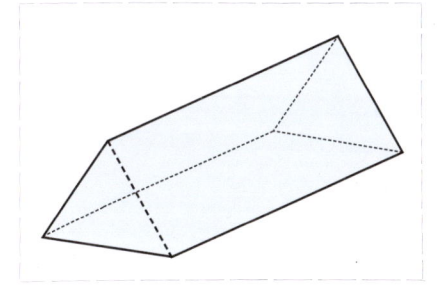

COLE

PRISMA DE BASE TRIANGULAR

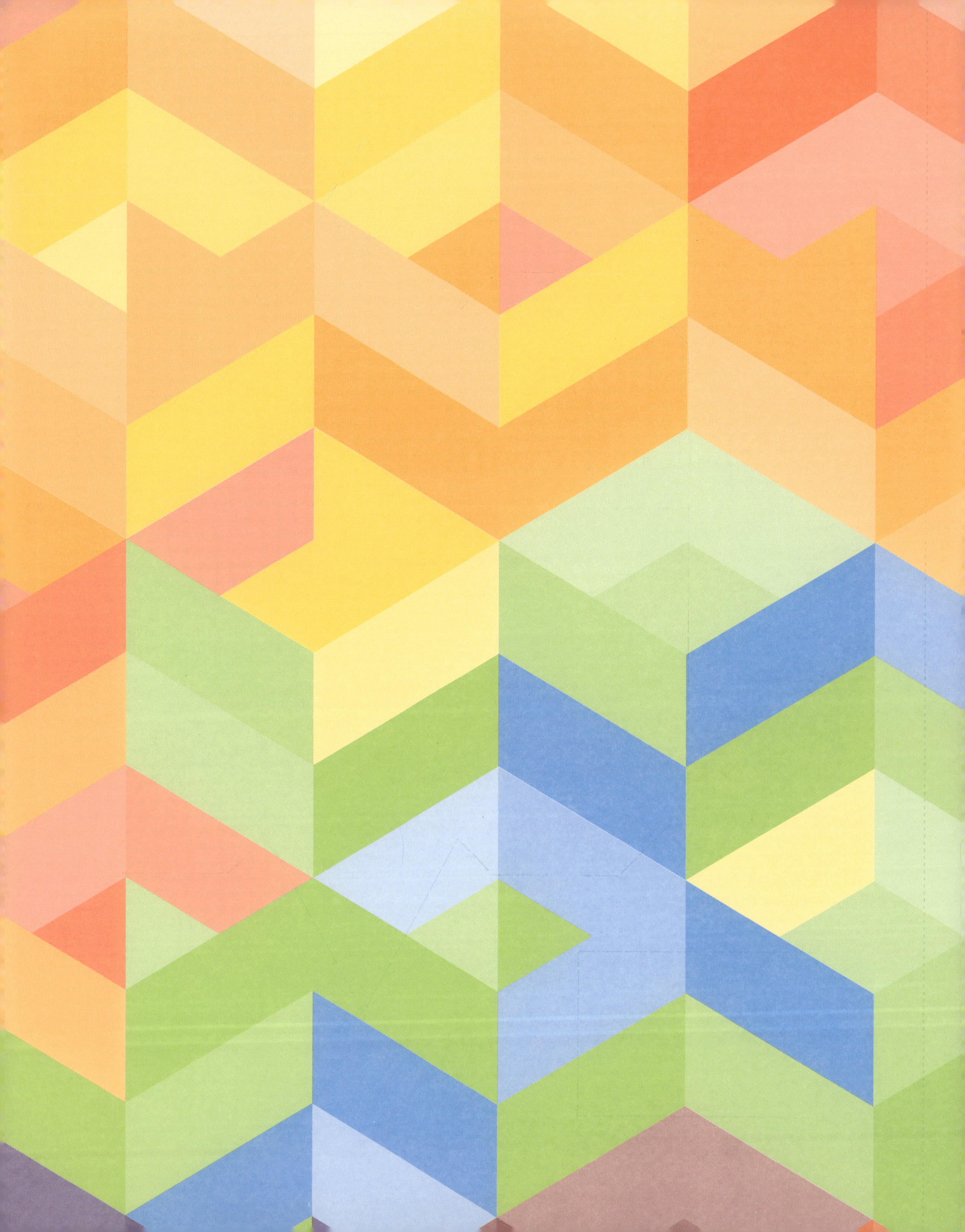

ATIVIDADE 5 DA PÁGINA 19 DO LIVRO

CARTEIRINHA DA TURMA

Cole sua foto aqui

NOME: _____

SOBRENOME: _____

IDADE: _____

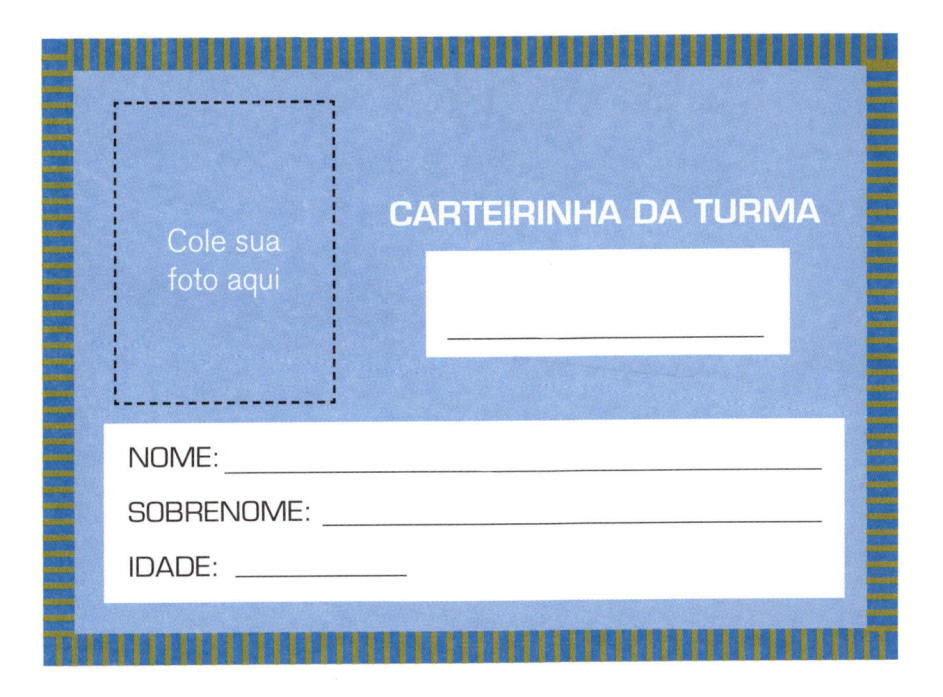

ATIVIDADE DA PÁGINA 95 DO LIVRO

BAÚ

ATIVIDADE DA PÁGINA 58 DO LIVRO

Você vai precisar de: cola.

Como montar: destaque a figura e cole as laterais de acordo com a indicação.

------- DOBRE

▱ COLE

TAMPA

DOBRE

COLE

BAÚ

PARTE TRASEIRA

------------------ DOBRE

COLE

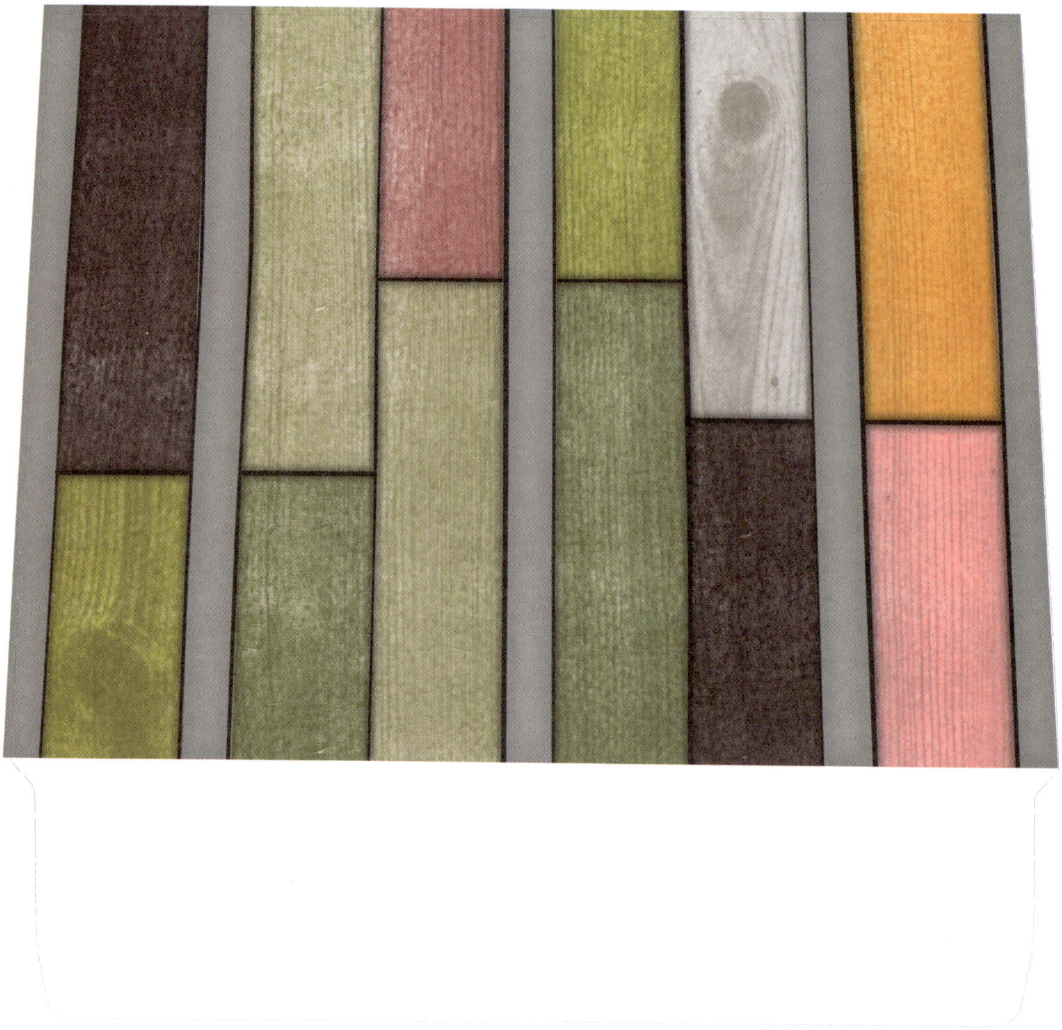

BAÚ

FRENTE

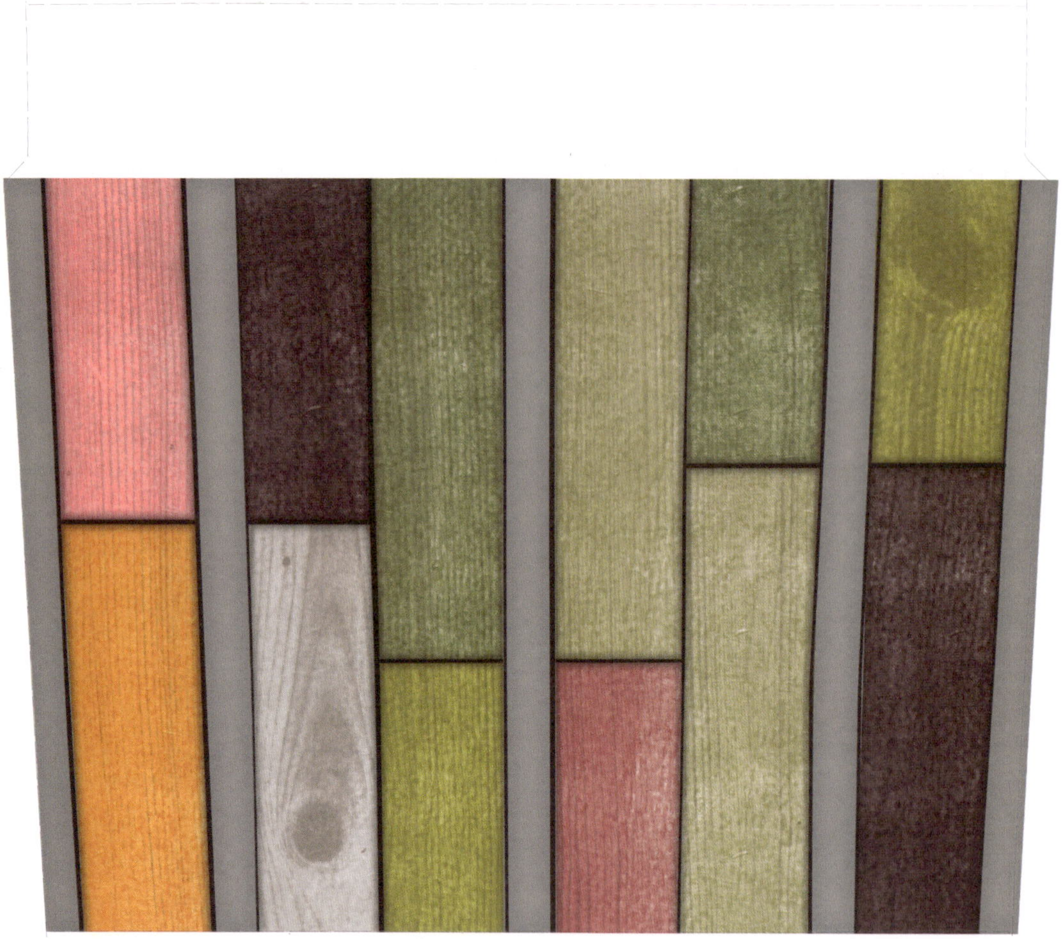

BAÚ

LADO DIREITO

------- DOBRE

COLE

12

BAÚ

LADO ESQUERDO

---- DOBRE

COLE

14

BAÚ

FUNDO

------------------ DOBRE

COLE

16

DOMINÓ

ESTE JOGO CONTÉM 28 FICHAS DE DOMINÓ PARA RECORTAR.
NÚMERO DE PARTICIPANTES: 4

REGRAS DO JOGO:

- ESPALHE AS FICHAS SOBRE A MESA, COM AS FIGURAS VOLTADAS PARA BAIXO, E EMBARALHE-AS.
- CADA PARTICIPANTE RETIRA 7 FICHAS.
- TIREM 2 OU 1 PARA VER QUEM INICIA O JOGO. O GANHADOR COLOCA UMA DE SUAS FICHAS NA MESA COM A FIGURA VIRADA PARA CIMA.
- O PRÓXIMO A JOGAR É O QUE ESTÁ À DIREITA DO PRIMEIRO JOGADOR. ELE VERIFICA SE TEM EM SUA MÃO UMA PEÇA QUE COMBINE COM UMA DAS FIGURAS DA MESA. SE TIVER, ELE DEVE JUNTÁ-LA AO PAR. SE NÃO TIVER, PASSA A VEZ PARA O PARCEIRO SEGUINTE.
- ATENÇÃO: É POSSÍVEL COMBINAR FIGURAS DO PASSADO E DO PRESENTE, CONTANTO QUE ELAS MOSTREM A MESMA IMAGEM. ASSIM, VOCÊ PODERÁ COMBINAR FAMÍLIAS, MATERIAL ESCOLAR, LIVROS DIDÁTICOS, ESTUDANTES, RUAS, BRINQUEDOS E CARTAS.
- GANHA QUEM FOR O PRIMEIRO A ENCAIXAR TODAS AS SUAS FICHAS NO JOGO.

JOGO DA MEMÓRIA

ESTE JOGO CONTÉM 16 FICHAS PARA RECORTAR.
NÚMERO DE PARTICIPANTES: 2 OU 3

REGRAS DO JOGO:

- EMBARALHE AS FICHAS COM AS FIGURAS VOLTADAS PARA BAIXO E ESPALHE-AS SOBRE A MESA.
- TIREM PAR OU ÍMPAR (OU 2 OU 1) PARA VER QUEM COMEÇA O JOGO. O GANHADOR VIRA UMA FICHA E DEPOIS OUTRA. SE FORMAREM UM PAR DE FIGURAS, O JOGADOR FICA COM ELAS E VIRA MAIS DUAS FICHAS. SE NÃO FORMAREM PAR, ELE DEVE COLOCÁ-LAS NO MESMO LUGAR, COM AS FIGURAS VOLTADAS PARA BAIXO.
- O PRÓXIMO JOGADOR CONTINUA DA MESMA MANEIRA, ATÉ QUE TODAS AS FICHAS SEJAM RECOLHIDAS.
- VENCE O JOGO QUEM TIVER O MAIOR NÚMERO DE PARES.

DOBRE

COLE

JOGO DA MEMÓRIA

19

JOGO DA MEMÓRIA

(16 cartas)

DOMINÓ

21

DOMINÓ DOMINÓ
DOMINÓ DOMINÓ
DOMINÓ DOMINÓ
DOMINÓ DOMINÓ
DOMINÓ DOMINÓ
DOMINÓ DOMINÓ
DOMINÓ DOMINÓ

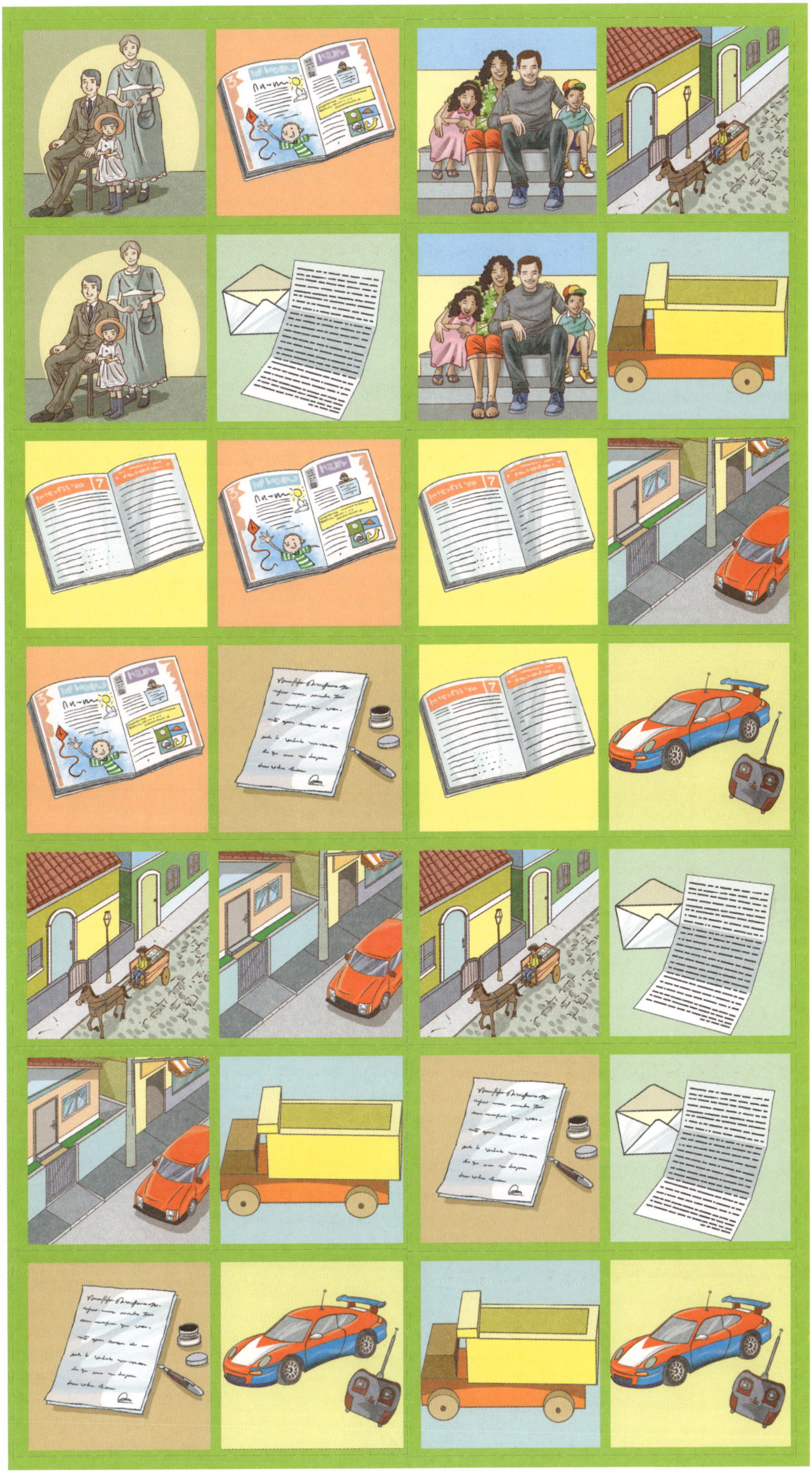

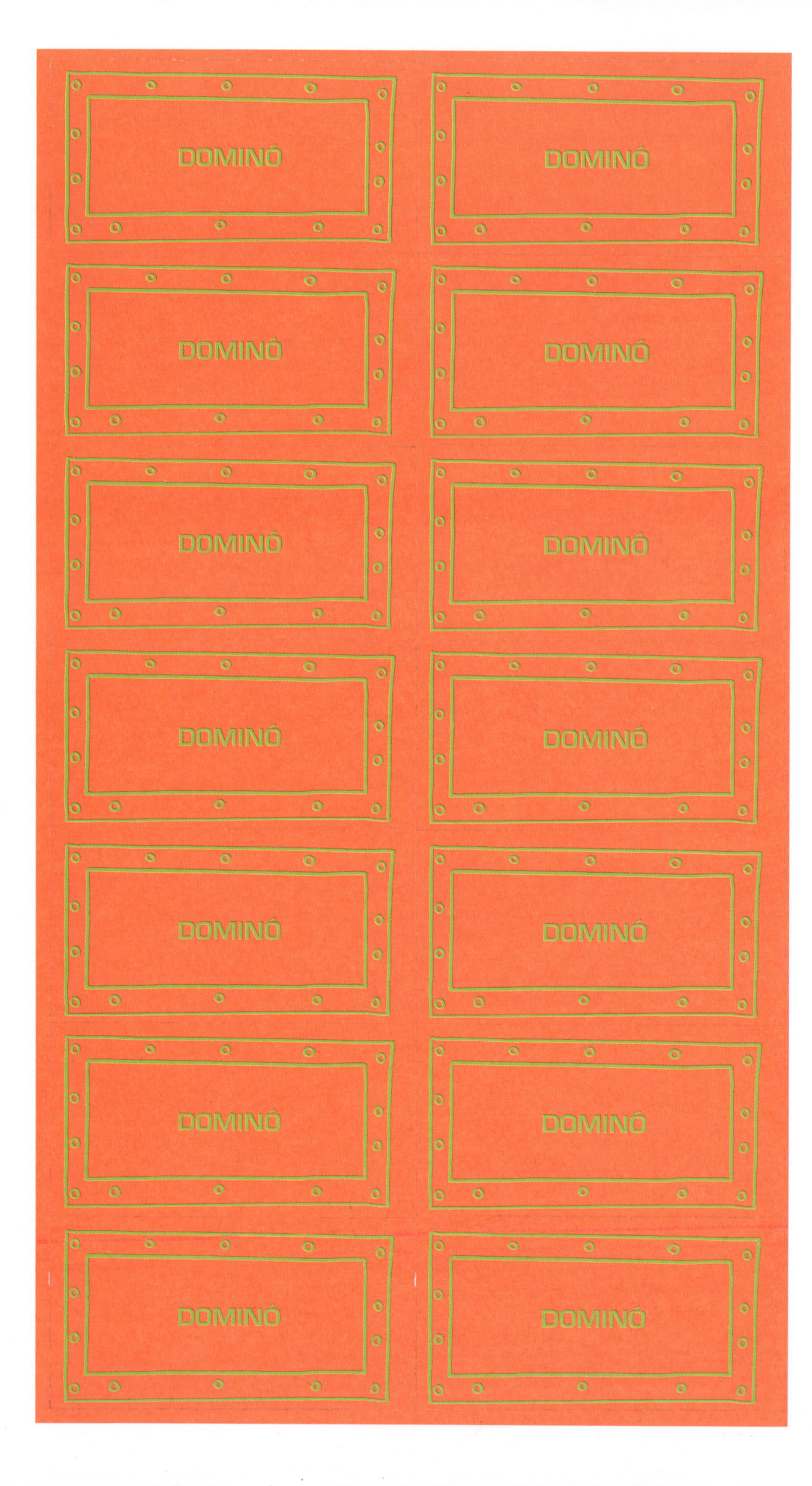

Atividade da página 29

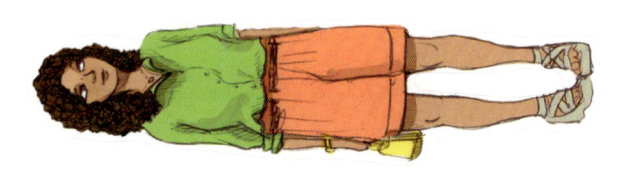

Atividade da página 55

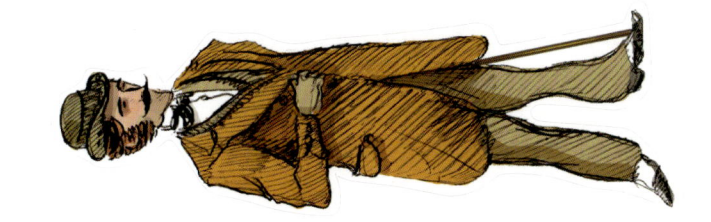

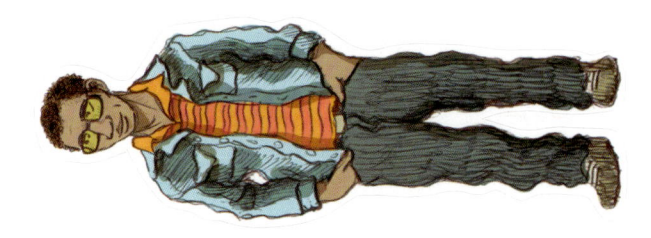

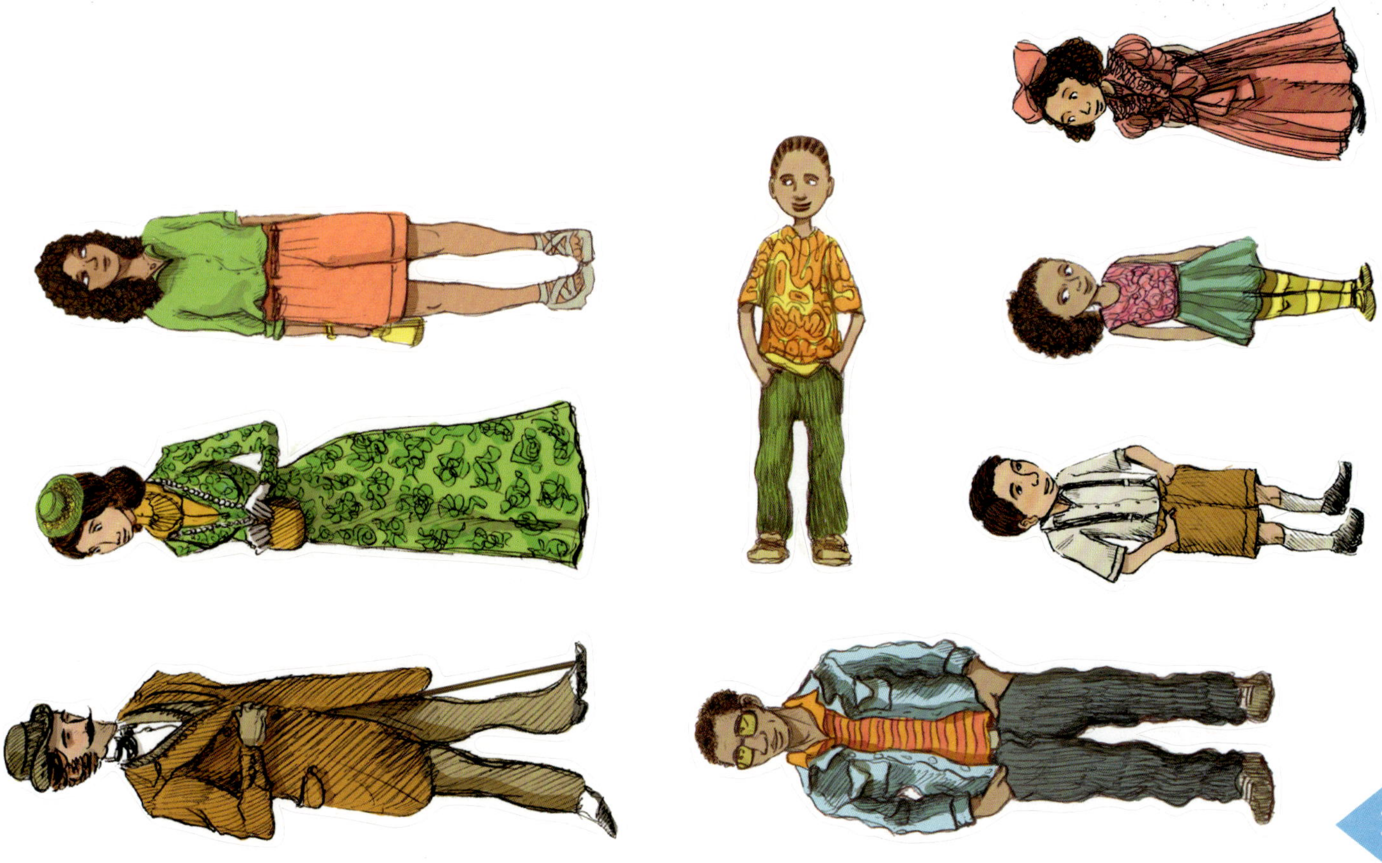

Atividade da página 89

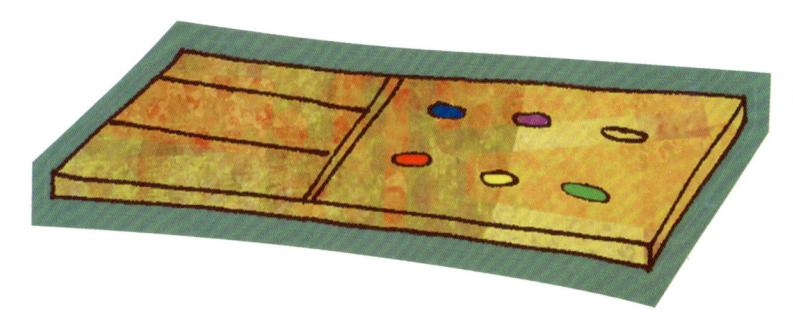

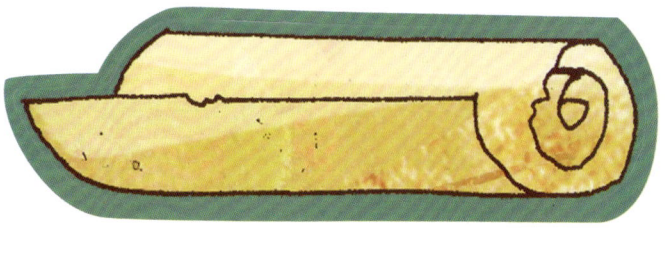

Atividade da página 101

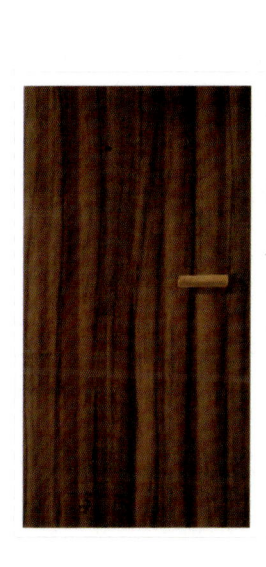

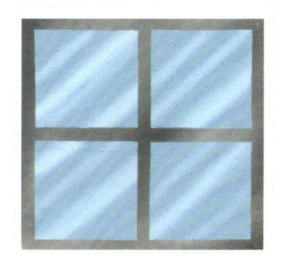